プリント形式のリアル過去問で本番の臨場感！

奈良県
県立

国際・青翔中学校

2025年春 受験用

解答集

本書は，実物をなるべくそのままに，プリント形式で年度ごとに収録しています。
問題用紙を教科別に分けて使うことができるので，本番さながらの演習ができます。

■ 収録内容

・解答集（この冊子です）

書籍ＩＤ番号，この問題集の使い方，最新年度実物データ，リアル過去問の活用，
解答例と解説，ご使用にあたってのお願い・ご注意，お問い合わせ

・2024（令和６）年度 ～ 2020（令和２）年度　学力検査問題

○は収録あり

年度	'24	'23	'22	'21	'20
■ 問題（適性検査1･2）	○	○	○	○	○
■ 解答用紙	○	○	○	○	○
■ 配点	○	○	○	○	○

全分野に解説
があります

国際中学校は2023年4月新規開校
注）問題文等非掲載：2024年度国際中適性検査1の1，2023年度国際中適性検査1の一と2，2021年度青翔中適性検査2の1

問題文 [illegible] 載につきまして

著作権上の都合により，本書に収録している過去入試問題の本文や図表の一部を掲載しておりません。ご不便をおかけし，誠に申し訳ございません。

教英出版

■ 書籍ＩＤ番号

入試に役立つダウンロード付録や学校情報などを随時更新して掲載しています。
教英出版ウェブサイトの「ご購入者様のページ」画面で，書籍ＩＤ番号を入力してご利用ください。

書籍ＩＤ番号　103226

（有効期限：2025年9月30日まで）

【入試に役立つダウンロード付録】
「要点のまとめ(国語／算数)」
「課題作文演習」ほか

■ この問題集の使い方

年度ごとにプリント形式で収録しています。針を外して教科ごとに分けて使用します。①片側，②中央のどちらかでとじてありますので，下図を参考に，問題用紙と解答用紙に分けて準備をしましょう（解答用紙がない場合もあります）。

針を外すときは，けがをしないように十分注意してください。また，針を外すと紛失しやすくなりますので気をつけましょう。

① 片側でとじてあるもの

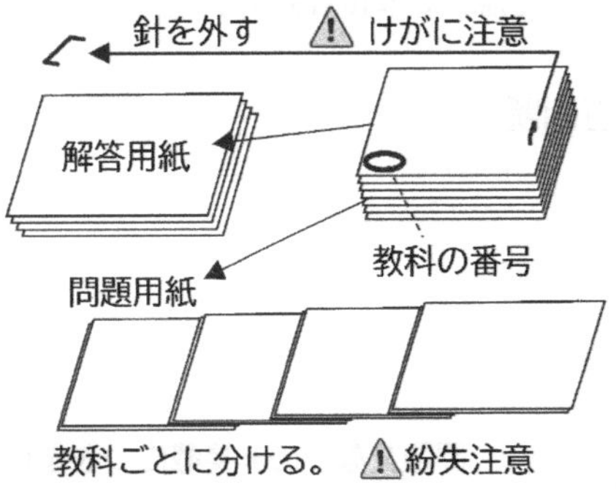

② 中央でとじてあるもの

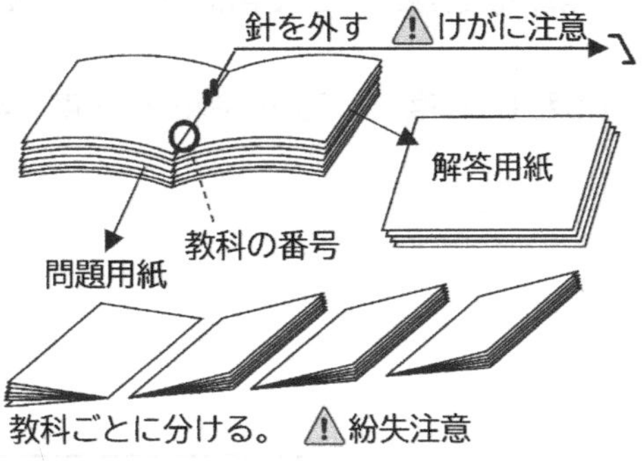

※教科数が上図と異なる場合があります。
解答用紙がない場合や，問題と一体になっている場合があります。
教科の番号は，教科ごとに分けるときの参考にしてください。

■ 最新年度 実物データ

実物をなるべくそのままに編集していますが，収録の都合上，実際の試験問題とは異なる場合があります。実物のサイズ，様式は右表で確認してください。

問題用紙	国際中：Ａ３片面プリント 青翔中：Ａ３片面プリント
解答用紙	国際中：Ａ３プリント 青翔中：Ａ３プリント

リアル過去問の活用

～リアル過去問なら入試本番で力を発揮することができる～

本番を体験しよう！

問題用紙の形式（縦向き / 横向き），問題の配置や余白など，実物に近い紙面構成なので本番の臨場感が味わえます。まずはパラパラとめくって眺めてみてください。「これが志望校の入試問題なんだ！」と思えば入試に向けて気持ちが高まることでしょう。

入試を知ろう！

同じ教科の過去数年分の問題紙面を並べて，見比べてみましょう。

①　問題の量

毎年同じ大問数か，年によって違うのか，また全体の問題量はどのくらいか知っておきましょう。どのくらいのスピードで解けば時間内に終わるのか，大問ひとつにかけられる時間を計算してみましょう。

②　出題分野

よく出題されている分野とそうでない分野を見つけましょう。同じような問題が過去にも出題されていることに気がつくはずです。

③　出題順序

得意な分野が毎年同じ大問番号で出題されていると分かれば，本番で取りこぼさないように先回りして解答することができるでしょう。

④　解答方法

記述式か選択式か（マークシートか），見ておきましょう。記述式なら，単位まで書く必要があるかどうか，文字数はどのくらいかなど，細かいところまでチェックしておきましょう。計算過程を書く必要があるかどうかも重要です。

⑤　問題の難易度

必ず正解したい基本問題，条件や指示の読み間違いといったケアレスミスに気をつけたい問題，後回しにしたほうがいい問題などをチェックしておきましょう。

問題を解こう！

志望校の入試傾向をつかんだら，問題を何度も解いていきましょう。ほかにも問題文の独特な言いまわしや，その学校独自の答え方を発見できることもあるでしょう。オリンピックや環境問題など，話題になった出来事を毎年出題する学校だと分かれば，日頃のニュースの見かたも変わってきます。

こうして志望校の入試傾向を知り対策を立てることこそが，過去問を解く最大の理由なのです。

実力を知ろう！

過去問を解くにあたって，得点はそれほど重要ではありません。大切なのは，志望校の過去問演習を通して，苦手な教科，苦手な分野を知ることです。苦手な教科，分野が分かったら，教科書や参考書に戻って重点的に学習する時間をつくりましょう。今の自分の実力を知れば，入試本番までの勉強の道すじが見えてきます。

試験に慣れよう！

入試では時間配分も重要です。本番で時間が足りなくなってあわてないように，リアル過去問で実戦演習をして，時間配分や出題パターンに慣れておきましょう。教科ごとに気持ちを切り替える練習もしておきましょう。

心を整えよう！

入試は誰でも緊張するものです。入試前日になったら，演習をやり尽くしたリアル過去問の表紙を眺めてみましょう。問題の内容を見る必要はもうありません。どんな形式だったかな？受験番号や氏名はどこに書くのかな？…ほんの少し見ておくだけでも，志望校の入試に向けて心の準備が整うことでしょう。

そして入試本番では，見慣れた問題紙面が緊張した心を落ち着かせてくれるはずです。

※まれに入試形式を変更する学校もありますが，条件はほかの受験生も同じです。心を整えてあせらずに問題に取りかかりましょう。

国際中学校　2024 令和6年度　適性検査1

《解答例》

1　㈠①価値　②貴族　③芸術　⑤状態　㈡1．おぎな　2．㋐完全　㋑完了／完結／完読 などから1つ
㈢そまつな小屋　㈣ア　㈤エ　㈥ウ　㈦(1字あける)人間は何もない場所に身を置くと、そこに存在しないものが次々と思い浮かぶ。それを利用したものがアイソレーションタンクだ。(改行)本文中の短歌も俳句も、作者は何もない場所に身を置いたからこそ、そこには存在しない「桜」・「紅葉」や「月」が想像できたのではないだろうか。短歌では「そまつな小屋」が、俳句では「水に浮かぶ舟」が、作者にとってのアイソレーションタンクのようなものだったと思う。

2　⑴ウ　⑵制度…参勤交代　人物…徳川家光　⑶①イ　②季節風のえいきょうで，冬は雨が少なく夏はむし暑い。
⑷イ　⑸朝鮮をめぐる，日本と中国とロシアの対立を表している。（下線部は清でもよい）　⑹①絵画…文字を読まなくても，災害のようすを，伝えることができる。　石碑…石に字を書くことで，その場所に，長く記録することができる。　②地震に備えて，家具を固定したり，飲み水を用意したりする。また，家族でひ難場所を確認しておくことができる。

《解　説》

1　著作権上の都合により文章を掲載《けいさい》しておりませんので、解説も掲載しておりません。ご不便をおかけし、誠に申し訳ございません。

2　⑴　化政文化で活躍した浮世絵師の歌川広重によって描かれた，『東海道五十三次大尾　京師』である。雪舟は室町時代の東山文化で活躍した画僧であり，『秋冬山水図』『天橋立図』などの水墨画を描いた。

⑵　1615 年，徳川家康の命令で徳川秀忠のもとで武家諸法度(元和令)が定められ，1635 年に徳川家光によって，参勤交代の制度が追加された寛永令が出された。参勤交代では，大名が1年おきに領地と江戸を行き来し，大名が領地に戻るとき，大名の妻子は江戸に残った。

⑶①　静岡市は夏の降水量が多い太平洋側の気候，新潟市は冬の降水量が多い日本海側の気候である。

②　季節によって吹く向きが変わる風を季節風(モンスーン)という。夏の季節風は海洋から大陸に向かって，冬の季節風は大陸から海洋に向かって吹く。日本では，夏は南東季節風が暖流の日本海流上空で湿った空気となり，山地にぶつかり太平洋側に雨を降らせる。冬は北西季節風が暖流の対馬海流上空で湿った空気となり，山地にぶつかり日本海側に雪を降らせる。

⑷　a．杉田玄白や前野良沢らがオランダ語の人体解剖書『ターヘル・アナトミア』を翻訳し『解体新書』として出版した。本居宣長は国学を研究し，『古事記伝』を著した人物。b．国際連合には，総会・安全保障理事会・経済社会理事会・信託統治理事会・国際司法裁判所・事務局の6つの主要機関があり，オランダのハーグにある国際司法裁判所以外は，ニューヨークの国連本部にある。第一次世界大戦をきっかけとして発足した国際連盟は，第二次世界大戦後に国際連合が発足したことで正式に解散した。

⑸　魚(朝鮮)を手に入れようとする日本(左側)と清(右側)の争いを見て，漁夫の利を狙うロシアを表現している。

⑹①　絵画は災害のようすを視覚的に表現することができるが，劣化や破損，紛失の可能性がある。石碑は視覚的に表現することが難しいが，劣化しにくく，比較的保存しやすい。　②　個人や家族で備えることを「自助」，

地域などの人々が協力して助け合うことを「共助」，国や地方公共団体からの支援を「公助」という。設問文に「あなた自身や身近な人」とあるので，「自助」の視点で考える。自然災害は，山の近くでの土砂崩れ，川の近くでの洪水，海岸近くの津波など，場所によって警戒すべき災害が異なってくるので，自治体が作成しているハザードマップ(防災マップ)などを確認しながら，起こり得る災害に合わせて避難計画を立てたり，防災グッズを用意しておいたりすることが大切である。

《解答例》

1　(1)午後１時29分　(2)①100　②486

2　(1)イ，オ　(2)平均…104　求め方…し設Ａとし設Ｂの利用者数の平均は 190÷２＝95(人)　また，し設Ｃとし設Ｄとし設Ｅの利用者数の平均は，し設Ａ～し設Ｅの利用者数の平均より６人多いので，６×３＝18　18÷２＝９ つまり，し設Ａとし設Ｂの利用者数の平均は，し設Ａ～し設Ｅの利用者数の平均より９人少ない。よって，95＋９＝104(人)

3　(1)体積が大きくなる。　(2)実験方法…ビーカーに水を入れてから氷をうかべ，ビニルテープで水面の位置に印を付ける。氷がすべてとけた後，再度水面の位置を調べる。　結果…水面の位置は変化しなかった。　(3)雨水は，もともと海の水が蒸発して水蒸気となり，上空に運ばれてできたものだから。　(4)淡水である氷河がとけて海水中に流れ込むこと。

4　(1)イ，エ，オ，ク　(2)アカウミガメ　(3)イ　(4)図２よりアオウミガメはアカウミガメより浅いところでエサをつかまえていることがわかる。表２からアオウミガメは，ういているプラスチックに出会いやすいことがわかる。これらのことから，アオウミガメはういているプラスチックをエサとまちがえて食べてしまうと考えられる。

《解　説》

1　(1)　家からＹ駅までは自転車で(３×1000)÷250＝12(分)かかる。Ｙ駅から関西空港駅までは電車で $96\div80=\frac{6}{5}=1\frac{1}{5}$(時間)→１時間($\frac{1}{5}\times60$)分＝１時間12分かかる。よって，家から関西空港駅までは合計で12分＋７分＋１時間12分＝１時間31分かかるから，おそくとも午後３時－１時間31分＝午後１時29分に家を出発する必要がある。

(2)①　右図のように，３枚のカードをはるために必要な画びょうは10個であり，さらに３枚のカードを増やすと，必要な画びょうは10－２＝８(個)増える。

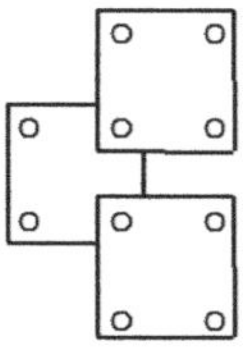

37÷３＝12余り１より，37－１＝36(枚)のカードをはってから，さらに１枚のカードをはると考えると，36枚のカードをはるために必要な画びょうは10＋８×(12－１)＝98(個)であり，さらに１枚はるためには，画びょうが４－２＝２(個)必要だから，全部で98＋２＝100(個)必要である。

②　黒くぬられた部分の面積を求めるのに必要な辺の長さは，右図のようになる。黒くぬられた部分の面積は，㋐の直角二等辺三角形の面積４個分と，㋑の直角二等辺三角形の面積４個分と，㋒の正方形の面積１個分である。

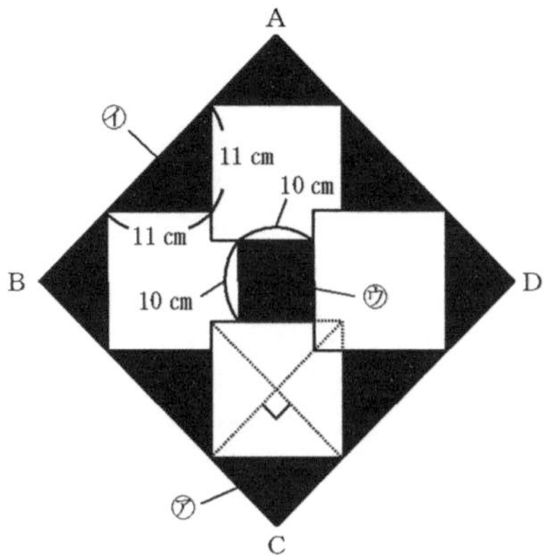

㋐は，正方形のカードを２本の対角線で４つに分けたときにできる直角二等辺三角形と合同だから，㋐の面積４個分の面積はカード１枚の面積と等しく，12×12＝144(㎠)である。

㋑は直角をつくる２辺の長さが11㎝の直角二等辺三角形だから，㋑の面積４個分は11×11÷２×４＝242(㎠)である。

㋒は１辺の長さが10㎝の正方形なので，面積は10×10＝100(㎠)である。

したがって，求める面積は，144＋242＋100＝486(㎠)

2 (1) ア．中学生以上 40 人で入館するときの１人あたりの入館料について，利用料を入館料として考えると，資料１より，し設Aの入館料は 450 円，資料２より，し設Bの入館料は 250 円だから，し設Aの入館料はし設Bの入館料の 450÷250＝1.8(倍)である。よって，正しくない。

イ．資料６より，１年１組の生徒の中で，し設Bを利用したことがある生徒は 10 人，し設Eを利用したことがある生徒は 15 人だから，両方を利用したことがある生徒は最大で 10 人である。よって，正しい。

ウ．資料４より，2023 年２月の「10 さい未満」と「10 代」の利用者数の割合の合計は 23%→$\frac{23}{100}$である。よって，正しくない。

エ．資料５より，し設A～し設Eの 2023 年２月の利用者数の平均は，(2130＋2200＋2710＋3300＋2860)÷５＝13200÷５＝2640(人)となり，し設Cの 2023 年２月の利用者数 2710 人と等しくならないので，正しくない。

オ．資料３と資料５より，し設Cの 2023 年２月の 10 代の利用者数は 2710×0.4＝1084(人)である。資料４と資料５より，し設Dの 2023 年２月の 10 代の利用者数は 3300×0.18＝594(人)である。よって，２つのし設の 10 代の利用者数の差は，1084－594＝490(人)となるから，正しい。

以上より，正しいものはイ，オである。

(2) 解答例のように，し設Aとし設Bの利用者数の平均と，し設A～し設Eの利用者数の平均を比べて考える。し設Cとし設Dとし設Eの３つのし設で，利用者数の平均が６人増えるとき，合計人数は６×３＝18(人)増えるので，し設Aとし設Bの利用者数の平均は，し設A～し設Eの利用者数の平均より 18÷２＝９(人)少ない。

3 (1) 物体はふつう，あたためられると体積が大きくなる。なお，このとき重さは変化しない。

(2) 氷(固体)から水(液体)に変化するとき，体積が小さくなる。このとき減少する体積は，氷が水にういていたときに水面より上にある部分の体積と等しい。つまり，氷がとけると，氷としてういていたときに水面より下にあった部分と同じ体積の水になるので，水にういている氷がとけても水面の高さは変化しない。

(3) 水は状態を変えながら，海と陸を循環《じゅんかん》している。

(4) (2)とは異なり，南極大陸などの陸上にある氷河がとけて海に流れこむと，その分，海水の体積が増え，海水面が上しょうする。

4 (1) 図１は，時刻ごとのアカウミガメの泳ぐ速さと海水面からの深さの関係を表しているから，イとエとクが必要である。また，表１や表２をつくるには，ウミガメが何と何回出会い，そのうち何回つかまえたかを数える必要があるから，オが必要である。

(2) 図２で，アカウミガメの方が平均の深さが深いことから判断する。

(3) つかまえた回数が多いものほどよく食べていると考えられる。アオウミガメがよく食べているものは，やわらかく，とう明で色がついていない，うくプラスチックである。よって，イが正答となる。

《解答例》

一　㈠八戸…ウ　休屋…イ　㈡時代…縄文　記号…ア　㈢ウ　㈣ウ→ア→イ　㈤オ

二　㈠イ　㈡イ，ウ　㈢ウ，エ　㈣Ⅰ．酸素を得る　Ⅱ．浮力を得る　㈤Ⅲ．目的意識　Ⅳ．試行錯誤

㈥（１字あける）首が長いキリンは、首が短いキリンに比べて、高い位置にある植物の葉を食べることができたり敵が来たことに早く気づけたりするので、生き残りやすかったと考えられます。（改行）今後は地球の温暖化が進み、砂漠のような厳しい自然環境の地域が広がると思うので、ラクダのように背中にコブを作って水や栄養をたくわえられるという特徴をもつ個体が生き残っていくのではないかと私は考えます。

《解　説》

一　㈠　メモの一に「『八戸』は，冬の間，～他の２地点よりも月間の日照時間が長い」とあることから，12 月～２月頃の日照時間が長いウが「八戸」である。残ったア・イのうち，メモの二に「『八戸』以外の２地点（＝「弘前」と「休屋」）のうち，～『休屋』の方が月間の日照時間が短い」とあることから，すべての月で日照時間がアより短いイが「休屋」である。

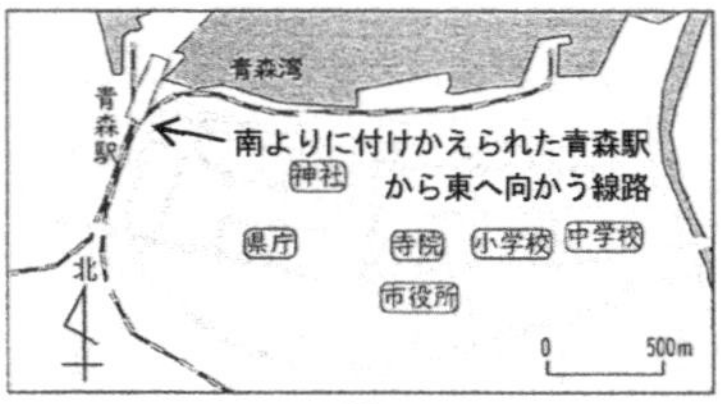

ア

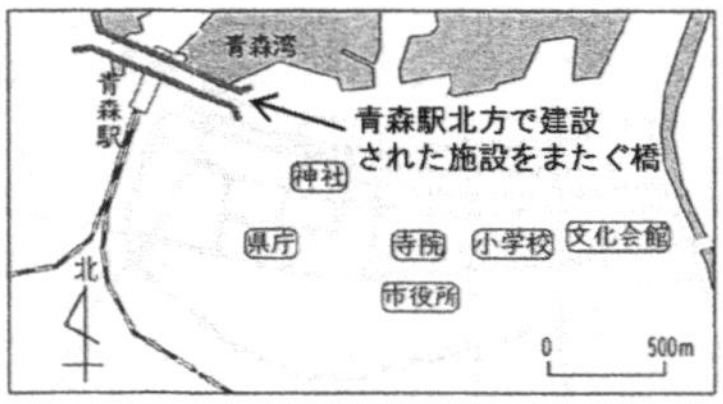

イ

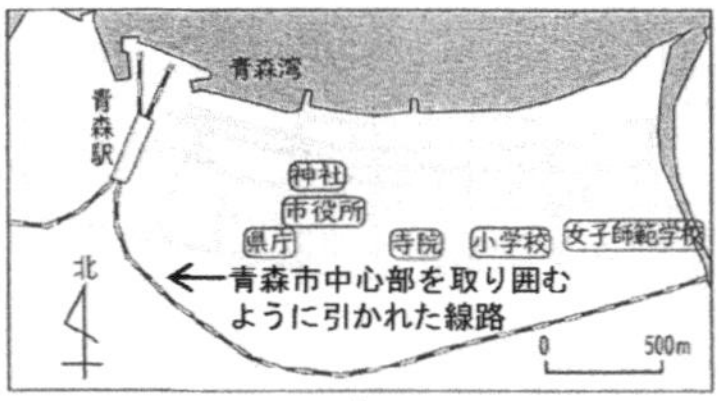

ウ

㈡　三内丸山遺跡は，北海道・北東北の縄文遺跡群として，世界文化遺産に登録されている。イ・ウは弥生時代，エは古墳時代，オは奈良時代についての記述。

㈢　○は 38 か所，△は 49 か所あるので，１×38＋0.5×49＝62.5(㎢)より約 63 ㎢である。

㈣　右図を参照。

㈤　ア．誤り。ベトナムへの輸出量は増加傾向にある。イ．誤り。2017～2019 年にかけては，中国への輸出量は，シンガポールへの輸出量より少ない。ウ．誤り。シンガポールへの輸出量は，最も多い 2019 年でも，年 500 トンを越えていない。エ．誤り。タイへの輸出量は，2019 年が約 1100 トン，2014 年が約 300 トンであり，約 3.7 倍程度に増加している。

二　㈠　A ～ D がある段落の最後で「水の中で生きる魚たちに，肺のような器官が獲得《かくとく》されたのはなぜなのだろうか？」と問いかけていることに着目する。陸上で空気呼吸を行うための肺のもととなるような器官をもちながら，陸上で生活していたわけではないということを言っているので，イが適する。

㈡　「量」の部首は「里」で，イ「重」とウ「野」が同じ。ア「星」，エ「昼」，オ「易」の部首は「日」。

㈢　――線部②より前で「池や沼地《ぬまち》のような流れが少なくよどんだ水は，流れがある海や川に比べて，水中の酸素量がとても少ない」「水に溶《と》け込《こ》んでいる酸素の量は，水温が高いほど少なくなる～デボン紀はとても温暖な時代～池や沼地の水も温かかっただろう」と述べていることから，ウとエの理由が読みとれる。

㈣　――線部③の後で「デボン紀以降～〝肺のもと〟を使う必要性はなくなっていった～しだいに『酸素を得る役割』から『浮力《ふりょく》を調整する役割』へとシフト（移行）していった」「軽い空気で満たされた袋は，浮力を得るのに

大いに役立ったのだ。空気の量で浮力を調整できるのも便利だったのだろう」と述べていることから，はたらきの変化が読みとれる。

㈤Ⅲ　――線部④のある段落で「『○○の〝ために〟進化した』という表現をすることが多い～けれども，実際のところ，進化にそんな目的意識は存在しない」と述べている。　Ⅳ　筆者は本文で，「原始的な魚の仲間が『肺のような器官』をもつようになった」ことについて，「生き延びるのに有利だったのだろう」「〝肺のもと〟となった器官は，『陸上で生きることを可能にした器官』ではなく，『酸素の少ない息苦しい水中でも生きることを可能にした器官』なのだ」と述べてきた。この内容をふまえて，――線部⑤のある段落で「いつか陸に上がるためではない。酸素の少ない温かい池の中では，たまたま肺のような器官をもっていた個体が生き残りやすかっただけだ～きっとほかにも～〝進化の試行錯誤《しこうさくご》〟が行われていたのだろうと思う」とまとめている。「試行錯誤」は，さまざまな方法をくり返し試みて，失敗を重ねながら解決方法を追求していくこと。

《解答例》

1 ⑴A．千の位…1　百の位…2　B．千の位…2　百の位…0　C．千の位…5　百の位…6
⑵D．30×7　E．3×30　F．3×7　⑶G．よこの長さ　H．たての長さ　⑷ア　⑸421971

2 ⑴24　⑵ケーキの大きさが4号から6号になると，半径が3㎝大きくなるので，円の面積の差は9×9×3.14－6×6×3.14＝141.3(㎠)となる。高さはどちらも6㎝なので体積は，141.3×6＝847.8(㎤)大きくなる。　⑶2700

3 ⑴ウ　⑵イ
⑶①A．3　B．13　C．5　D．34　E．12　F．69　②回転…かける　記号…エ　③位置…右　記号…ア

4 ⑴ウ　⑵エタノールの入ったビーカーを直接火で熱している点。　⑶当日の朝の時点では，葉にでんぷんが存在しないことを明らかにする必要があるため。　⑷葉の色が緑色である　⑸実験方法…2本の試験管を用意し，片方にオオカナダモの葉と黄色のBTB溶液を，もう片方には黄色のBTB溶液のみを入れてしばらく観察する。
結果…オカナダモの葉を入れた試験管のみBTB溶液が黄色から青色に変化する。

5 ⑴ア，ウ，エ　⑵ビニールシートにできた水たまりが虫めがねの役割をはたして太陽の光を集めたから。
⑶①光の明るさ…だんだん明るくなる。　紙の温度…だんだん上がっていく。　②125 ㎝　③虫めがねを紙があるほうからのぞきこむ。

《解　説》

1 ⑴　33×37＝1221だから，千の位の数は1，百の位の数は2，42×48＝2016だから，千の位の数は2，百の位の数は0，76×74＝5624だから，千の位の数は5，百の位の数は6である。

⑵　3つの長方形のたてとよこの長さをかけ算すればよい。(い)の面積は30×7，(う)の面積は3×30，(え)の面積は3×7である。

⑶　(う)のよこの長さと，(あ)と(い)のたての長さは等しく30である。

⑷　(い)のよこの長さは7，(お)のよこの長さは(う)のたての長さと等しく3だから，これらを合わせた長さは2けたのかけ算の一の位の数を足した数の10になっている。

⑸　3000673＝3000000＋673，2000627＝2000000＋627であり，3000000と2000000はともに1000000で割り切れるから，求める余りは673×627となる。673と627は百の位の数が6で等しく73＋27＝100となるので，「インド式計算法の早わざ」を使って計算することができる。よって，求める余りは673×627＝600×700＋73×27＝421971

2 ⑴　翔太さんが買った8号のホールケーキの直径は，12＋3×(8－4)＝24(㎝)である。

⑵　ホールケーキを円柱として考える。2つの円柱の高さが等しいので，解答例のように，(体積の差)＝(底面積の差)×(高さ)で求められる。

⑶　右図のように記号をおく。AからBCに垂線を引き，交わる点をDとすると，三角形ABDの3つの内角の大きさは，30°，60°，90°となり，1辺の長さが30㎝の正三角形を2等分した三角形だから，AD＝AB×$\frac{1}{2}$＝15(㎝)である。よって，三角形ABCの面積は，30×15÷2＝225(㎠)だから，

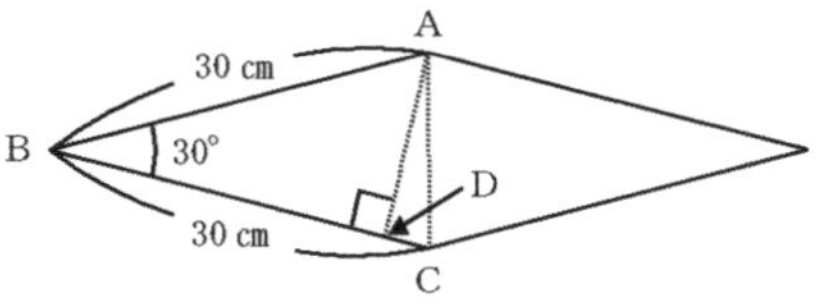

ケーキの底面積は225×２＝450(㎠)となる。したがって，ケーキの体積は450×６＝2700(㎤)

3 (1)　貸し出し数が最も多いサイズを決めるので，ウの最頻値が適切である。

(2)　決勝戦に進出するためには，スコアが高い方から４番目以内であればよい。スコアの平均値が130点以上の人は１＋２＝３(人)，120点以上の人は３＋４＝７(人)だから，130点以上であれば，平均値が４番目以内となるので，決勝戦に進出するための最低限必要なスコアはイの130点と考えることができる。

(3)①　投げる位置が中で回転をかけない人は，「う」，「け」，「さ」の３人であり，ストライクの回数の合計は５＋０＋８＝13だから，Ａ＝３，Ｂ＝13である。

回転をかける人は「あ」，「い」，「え」，「き」，「こ」の５人であり，ストライクの回数の合計は７＋４＋８＋９＋６＝34(回)だから，Ｃ＝５，Ｄ＝34である。

人数の合計は12人だから，Ｅ＝12であり，12人のストライクの合計回数は，Ｂ＋Ｄ＋(「お」，「か」，「く」，「し」のストライクの回数の合計)＝13＋34＋(５＋９＋３＋５)＝69だから，Ｆ＝69である。

②　回転をかける人と回転をかけない人のそれぞれにおいて，ストライクの回数の平均を求めて比べればよい。

(ストライクの回数の平均)＝(ストライクの回数の合計)÷(人数)で求められるので，【表４】のエに注目する。

回転をかける人のストライクの回数の平均は，34÷５＝6.8(回)，回転をかけない人のストライクの回数の平均は，35÷７＝５(回)となり，ストライクをとるためには，回転をかける方がよいと考えられる。

③　回転をかける人の中で，投げる位置のそれぞれについて，ストライクの回数の平均を考えればよいので，【表４】のアに注目する。

投げる位置が左で回転をかける人は「こ」だけだから，ストライクの回数の平均は６回，投げる位置が中で回転をかける人は「い」，「き」の２人だから，ストライクの回数の平均は(４＋９)÷２＝6.5(回)，投げる位置が右で回転をかける人は「あ」，「え」の２人だから，ストライクの回数の平均は(７＋８)÷２＝7.5(回)である。

よって，投げる位置は右にすればよいと考えられる。

4 (1)(2)　ヨウ素液はでんぷんに反応して青紫《むらさき》色に変化する。エタノールに葉を入れて葉の緑色をぬくと，葉は白っぽい色になり，ヨウ素液の色の変化がわかりやすくなる。エタノールは引火しやすいので，図２のようにエタノールの入ったビーカーを直接火で熱するようなことはせず，エタノールの入ったビーカーを水の入ったビーカーに入れ，水の入ったビーカーを火で熱するようにする(湯せんする)。

(3)　当日の朝の時点ではでんぷんが存在しないことを明らかにしたことで，ｂではそれ以降にでんぷんがつくられ，ｃではそれ以降にでんぷんがつくられなかったと判断することができる。

(4)　２と３ででんぷんができなかったのは，図１の実験の結果から，葉に日光が当たらなかったためだと考えることができる。これに対し，４は日光が当たったにもかかわらずでんぷんができなかった。１と４は，葉の色が緑色か白色かというちがいだけだから，そのちがいによりでんぷんの有無が変わったと判断できる。

(5)　黄色にしたＢＴＢ溶液《ようえき》の色が青色に変化すれば，光合成で二酸化炭素を使ったと判断できる。ただし，ＢＴＢ溶液の色がオオカナダモのはたらきによることを確かめるには，オオカナダモがなければＢＴＢ溶液の色が黄色のまま変化しないということを明らかにする必要がある。

5 (1)(2)　光が丸みのある透明《とうめい》な物体を通りぬけることで，光が集められる可能性がある。つまり，図２では，水たまりができた部分が虫めがねの役割をはたしたと考えられる。光には，丸みのある透明な物体を通過するときに折れ曲がる性質がある。

(3)①　虫めがねの大きさは変化しないから，虫めがねを通りぬける光の量も変化しない。よって，光の大きさが小さくなっていくということは，よりせまい範囲《はんい》に同じ量の光が集まっていくということだから，明るさは明るく，温度は上がっていく。　②　結果の表より，ろうそくの炎《ほのお》の像の大きさが元の炎の大きさの何倍になるかは，〔(虫めがねと紙の距離《きょり》)÷(虫めがねとろうそくの距離)〕で求められることがわかる。よって，ここでは850÷17＝50(倍)であり，ろうそくの炎の大きさは2.5cmだから，2.5×50＝125(cm)となる。　③　虫めがねとろうそくの距離をより近づけるから，先生の最後の発言にある「虫めがねをのぞきこんで近くの昆虫《こんちゅう》を見る」ときと同じ見え方になると考えられる。

《解答例》

一　(一)①いとな　②勤勉　③絶　　(二)イ　　(三)ア．×　イ．×　ウ．○

(四)(例文)

私は絵をかくことが好きで、よくかいている。あるとき先生が「どんな絵にしたいのかよく考えてごらん。」とおっしゃった。それまではただかいているだけだったが、よく考えることでよい作品となり、何より楽しかった。「自分の足で走る」こと、つまり、自分の頭で考えることは、人生を楽しく生きることにつながるから重要なのだ。

「自分の足で走る」ために、私は常に一歩立ち止まって考える習慣をつけようと思う。いつも「なぜ」を大切にしながら生活し、感じた疑問はメモに書き留めていきたい。そして、人の意見に質問したり、疑問について調べたりしながら、自分の頭でしっかりと考えて、自分の人生を楽しくしていきたい。

2　(1)ウ　　(2)イ　　(3)記号…イ　理由…重いものを一度に大量に運ぶことができるから。

(4)治外法権〔別解〕領事裁判権　　(5)見るだけで，必要な情報がわかること。　　(6)解答らんⅠ…(「増えている」場合の例文)家庭から出るごみが増えたため，ごみの処理にたくさんのお金が必要になった。　解答らんⅡ…(例文)家庭ごみを減らすために，ものを大切に使ったり，まだ使えるものは人にあげたりして簡単に捨てないようにする。そうすれば，日ごろからごみを出さないという意識をみんながもつようになるから。

《解　説》

一　著作権上の都合により文章を掲載《けいさい》しておりませんので、解説も掲載しておりません。ご不便をおかけし、誠に申し訳ございません。

2　(1)　①「黄熱病」より野口英世と判断する。北里柴三郎はペスト菌の発見などで知られる細菌学者である。②津田梅子は岩倉使節団に加わって6歳で渡米し，その後女子英学塾(現在の津田塾大学)を開いた。与謝野晶子は歌人であり，歌集「みだれ髪」や，日露戦争に出征した弟の身を案じて，「君死にたまうことなかれ」という詩を発表したことで知られる。

(2)　a．産業の空洞化によって，製造業の工場が海外に移転し，機械類の輸入量が増えていったので，2020年現在，日本の輸入品目の中で最も割合が高いのは，機械類である。b．1970年代には，原料品に次ぐ割合となっており，現在も輸入割合は高いので，原油などの燃料と判断する。せんい品については，1970年には日本の主要な輸出品の1つであったことから，輸入量の割合は多くないと考えられるので，あてはまらない。

(3)　自動車は，写真イの自動車運搬船で輸送される。航空輸送には，小型軽量で単価の高い集積回路などが適している。

(4)　幕末に結んだ安政の五か国条約は，日本に関税自主権がなく，相手国の領事裁判権を認めた，日本に不利な不平等条約であった。領事裁判権は，日本にいる外国人が罪を犯した場合，日本の法律ではなく，本国(外国)の法律で裁判をする権利である。1894年の日清戦争の直前，陸奥宗光外務大臣がイギリスとの間で領事裁判権の撤廃に成功した。

(5)　ピクトグラム(案内用図記号)は，不特定多数の人々が利用する公共交通機関や公共施設などおいて，文字・言語によらず情報を提供する図形である。

(6)　人口が増えている地域がもつ課題には，他にも環境悪化や交通混雑などが考えられる。人口が減っている地域がもつ課題には，税収の減少による公共サービスの低下，空き家の増加などが考えられる。

国際中学校　2023 令和５年度　適性検査２

《解答例》

1　⑴①ア，エ　②ア　⑵$\frac{3}{4}$　⑶112

2　⑴①イ，ウ　②イ　⑵①最頻値…５　中央値…5.5　②距離…2.0　理由…的までの距離が 2.0mのとき，的に当たった回数が５回以下の人数は，16 人で，的当てをした６年生の人数は，22 人である。式は 16÷22×100 で，商は 72.7…であるから，約 73%となり，６割をこえているから。　③ア

3　⑴①イ，エ　②ウ　③風力発電　④天候によって発電量が変化する。　⑵①熱　②同じ電気の量で，長く明かりをつけることができるから。

4　⑴花粉がめしべの先につくこと。　⑵イ　⑶シカはイネの葉を好んで食べて，イノシシは穂やお米を好んで食べるから。　⑷提案…放置した田に生えた雑草をかる。　理由…シカやイノシシがかくれる場所をなくし，イネを育てている田に近づきにくくするため。

《解　説》

1　⑴①　１本の直線を折り目（対称の軸《じく》）にして折ったとき，折り目の両側がぴったり重なる図形を線対称という。

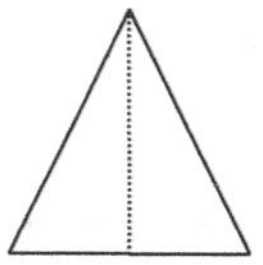

二等辺三角形

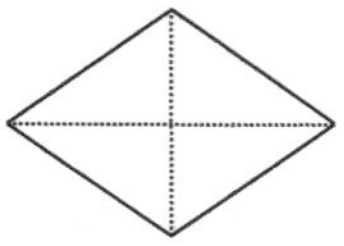

ひし形

右図のように二等辺三角形とひし形は点線部分を折り目にすると，両側がぴったり重なるから線対称である。よって，正しいものは，ア，エである。

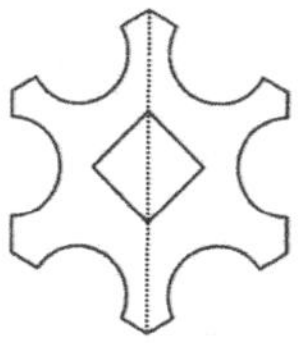

②　１回折りの折り方で正方形の紙を折った場合，図５に右のような対称の軸をかき加える。このとき，対称の軸より左側にある図形が，紙に書かれた太線と一致していればよいから，正しいものはアである。

⑵　右図の三角形ＢＤＥと三角形ＣＦＧは合同な直角三角形だから，この２つの三角形の面積の和は，対角線の長さが５cmの正方形の面積と等しいので，

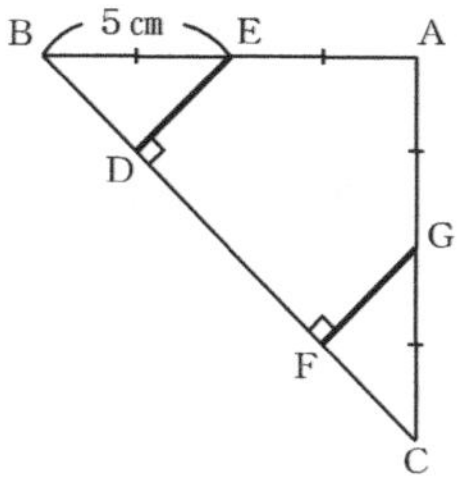

$5 \times 5 \times \frac{1}{2} = \frac{25}{2}$(cm²)である。

また，三角形ＡＢＣは直角を作る２辺の長さが５＋５＝10(cm)の直角二等辺三角形だから，三角形ＡＢＣの面積は 10×10÷２＝50(cm²)である。

よって，(三角形ＡＢＣの面積)：(五角形ＡＥＤＦＧの面積)＝50：$(50-\frac{25}{2})$＝４：３

したがって，図６において，切り取る前のもとの図形と，切り取った後の残りの図形の面積の比は４：３だから，線対称な形に広げていった図７でもその比は等しいので，図７の飾りの面積は，もとの正方形の面積の$\frac{3}{4}$倍である。

⑶　右図において，ＨＩ＝10－８＝２(cm)だから，ＪＫ＝６－２＝４(cm)

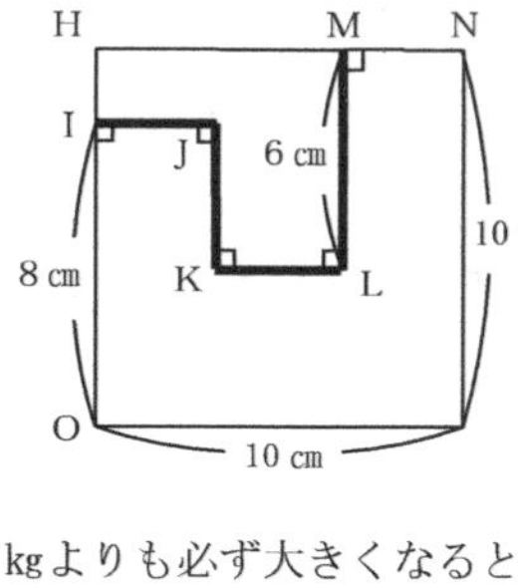

また，ＩＪ＋ＫＬ＋ＭＮ＝ＨＮ＝10(cm)だから，飾りのまわりの長さは，

(ＩＯ＋ＪＫ＋ＭＬ＋ＩＪ＋ＫＬ＋ＭＮ)×４＝

(ＩＯ＋ＪＫ＋ＭＬ＋ＨＮ)×４＝(８＋４＋６＋10)×４＝112(cm)

2　⑴①　がい数にして計算したとき，最も小さい場合と最も大きい場合を考える。

最も小さい場合，割られる数をできるだけ小さくし，割る数をできるだけ大きくすればよいので，イのように計算して，51000000÷1400000＝36.4…となるので，36 kgよりも必ず大きくなると言

える。
最も大きい場合，割られる数をできるだけ大きくし，割る数をできるだけ小さくすればよいので，ウのように計算して，52000000÷1300000＝40 となり，これは，実際よりも大きい値だから，40 kgよりも必ず小さくなると言える。
よって，イとウが適切である。
なお，がい数に直すときは，一般的に四捨五入することが多い。
② ア．家庭系の食品ロス量の割合を求める。日本全国は，100－55＝45 より，約 45%，奈良県は，100－46＝54 より，約 54%だから，奈良県の割合の方が高いので，正しい。　イ．外食業の食品ロス量の割合は，日本全国が約 18%，奈良県が約 17%でほとんど同じだが，食品ロス量は日本全国が約 570 万トン，奈良県が約５万 1930 トンであり，100 倍以上異なる。よって，誤っている。　ウ．奈良県の食品卸売《おろしうり》業の食品ロスはグラフからは確認できないので，０%と考えられる。よって，日本全国に比べて少ないから，正しい。
以上より，誤っているものはイである。
(2)① 最頻値《さいひんち》は現れる回数が最も多い値《あたい》だから，５回が６人で最も多い。よって，最頻値は５回である。
中央値は，22÷２＝11 より，大きさ順に 11 番目と 12 番目の値の平均である。当たった回数が５回以下の生徒は２＋３＋６＝11(人)なので，小さい方から 11 番目が５回，12 番目が６回だから，中央値は(５＋６)÷２＝5.5(回)である。
② 的までの距離《きょり》が大きいほど，的に当たる回数は少なくなるはずなので，2.0mでは５回以下の人数が全体の６割をこえることを示せばよい。また，解答例以外に，次のように考えることもできる。
22 人の６割は 22×0.6＝13.2(人)だから，５回以下の人数が 14 人をこえている距離が求める距離である。５回以下の人数は，1.3mのとき１＋２＝３(人)，1.6mのとき 11 人，2.0mのとき１＋２＋６＋４＋３＝16(人)である。
よって，Aにあてはまる数は 2.0 である。
③ ドットプロットを見ると，距離が 1.3mのときの平均値が６回以上であることは明らかである。距離が 1.6mのときの平均値は，(３×２＋４×３＋５×６＋６×５＋７×２＋８×３＋９×１)÷22＝125÷22＝5.6…(回)となり，６回より少ない。よって，適切なものはアである。

3 (1)① 実験結果からわかることは，光電池に光を当てるとモーターが回ることと，当てる光の強さによってモーターが回る速さが変わることだから，イとエが正答となる。なお，実験１の２でモーターが回らなかったことから，電気をたくわえることができないと考えられるので，ウは正しくない。また，モーターの回る向きについては結果にまとめられていないので，アは正しいか正しくないか判断できない。　② 太陽は東の地平線からのぼり，南の空で最も高くなった後，西の地平線にしずむ。また，太陽が高い位置にあるときほど光電池に当たる光が強くなる。よって，光電池を南向きに置いておくと，太陽が東から西に動くまでの長い時間，光電池に光が当たり，正午ごろにはより強い光が当たるようになる。　③ 風力発電の他に，地熱発電なども考えられる。　④ 雲の量や厚さなどによって，光電池に当たる光の強さが変わる。例えば，昼間でも空が厚い雲でおおわれていて，光電池に太陽の光が当たらなければ，発電量は０になる。
(2)① 豆電球では電気のエネルギーのほとんどが熱のエネルギーに変換《へんかん》されている。　② 手回し発電機の回し方は同じだから，コンデンサーにたくわえられた電気の量も同じである。同じ電気の量で，豆電球は45秒，発光ダイオードは10分以上明かりがついていた。

4 (1) おしべでつくられた花粉がめしべの先につくことを受粉という。受粉がおこると，めしべの根元のふくらんだ部分が成長して果実になり，その中に種子ができる。

⑵　イ○…すべてのえいが同時に開いたときに，気温が高すぎたり，風が強かったりすると，すべての花が受粉できず，その穂《ほ》では種子をつくることができなくなってしまう。

⑶　おじいさんの１回目の発言と表に着目する。シカによる被害《ひがい》は１つの茎《くき》から新しい茎や葉がたくさん出てくる６月と７月で多く，イノシシによる被害は穂が出てくる８月とその後，実ができると考えられる９月に多くなっている。

青翔中学校　2023 令和5年度　適性検査1

《解答例》

一　(一)ウ　(二)イ　(三)ウ　(四)もちこませない　(五)ア→ウ→イ　(六)イ，エ
(七)県名…高知　割合…16

二　(一)イ，オ　(二)落ちてきた一滴の牛乳がはね返ったものなのか、それとも下にあった牛乳が飛び散ったものなのかという　(三)A．ア　B．エ　(四)次の展開を考えつかなかった　(五)考えて工夫して実験してみる
(六)

「温泉卵」は、白身が固まり黄身が半熟の「半熟卵」とは逆で、白身はとろりとした半熟なのに黄身が適度に固まったゆで卵です。

これは、白身と黄身とでは、固まり始める温度と完全に固まる温度がそれぞれ異なるという性質を利用して作ることができます。卵をゆでるお湯の温度を六五℃から七〇℃に保ちながら加熱すれば、できあがります。

《解　説》

一　**(一)**　高松市は1年を通して比較的温暖で，年降水量が少ない瀬戸内の気候である。アは冬の降水量が多いので，日本海側の気候である上越市，イは冬の冷えこみが厳しく，年降水量が少ないので，北海道の気候である札幌市，エは冬でも温暖で，1年を通して降水量が多いので，南西諸島の気候である那覇市である。

(二)　「岡山県」より，イと判断する。香川県の坂出と岡山県の児島が瀬戸大橋でつながっている。児島地域に隣《りん》接《せつ》する水島地域には，水島コンビナートがある。アは明石海峡大橋－大鳴門橋(神戸－鳴門ルート)，ウは瀬戸内しまなみ海道(尾道－今治ルート)。

(三)　元禄文化の説明を選ぶ。元禄文化は江戸時代の17世紀末から18世紀初めにかけて，経済力や技術力をもった上方(京都や大阪)の町人が生みだした。アは明治時代初頭の「文明開化」の文化，イは飛鳥文化，エは平安時代中期の国風文化。

(四)　非核三原則は1960年代に佐藤栄作首相が唱えた。その後，佐藤栄作はノーベル平和賞を受賞した。

(五)　ア(路面電車の開通)→ウ(路面電車が取りはらわれ，線路が伸ばされて瓦町駅に改名)→イ(駅の廃止，海岸の埋め立て)

(六)　ア．香川県と徳島県は減少後に増加しているが，愛媛県は減少したまま増加しておらず，高知県は増加も減少もほとんどしていない。ウ．高知県の生産量は，常に愛媛県より少ない。オ．1950年以降は増加している。

(七)　(米の割合)高知県…112÷1117＝0.10…　愛媛県…152÷1207＝0.12…　香川県…120÷803＝0.14…　徳島県…133÷961＝0.13…　果実の産出額が最も高い県は愛媛県である。合計に占める野菜の割合(%)は，189÷1207×100＝15.6…より，16%である。

二　**(一)**　「整」の部首は、「のぶん」。同じ部首なのは、イ「政」とオ「数」である。ア「東」とエ「束」の部首は「き」、ウ「歴」の部首は「とめる」である。

(二)　直前の「『このしぶきは落ちてきた一滴《いってき》の牛乳がはね返ったものなのか、それとも下にあった牛乳が飛び散ったものなのか？』」からまとめればよい。

(三) A　直前の実験結果を参照。「小さな小さなお皿とスポイトとインクと紙一枚を用意し」「インクを水面に落と

すと(お皿の)周りに敷《し》いた紙は濡《ぬ》れますが、青色は付きません。逆に、インクのなかに水を一滴たらすと紙は青くなる」より、「お皿の中の液体が飛び散っているんだ」ということがわかる。

(四)　２～４行後に「『どうしてあのとき～と言い返せなかったんだろう』という後悔《こうかい》でした」とあるが、10～11行後で「言い返せなかったことよりも、次の展開を考えつかなかったことへの後悔なのかもしれませんね」と最初の理由からさらに、後悔を感じた理由を掘《ほ》り下げている。

(五)　学者でない普通《ふつう》の人でも浮《う》かぶ疑問と、それを自分で確かめられる例として、石鹸《せっけん》受けに水がたまる理由や、美味《おい》しいゆで卵のゆで方をあげた後、「考えて工夫《くふう》して実験してみると楽しいですよ」と呼びかけている。

(六)　[表]より、黄身は約 65℃から固まり始め、完全に固まるのが約 70℃だが、白身が完全に固まるのは 80℃である。したがって、65℃から 70℃の間でゆでれば、白身が半熟状態で、黄身が適度に固まった温泉卵ができる。

青翔中学校　2023 令和5年度　適性検査2

《解答例》

1　(1)イ　(2)木　(3)月

2　(1)数値…5　説明…2mL は2㎤で，容器の底面積は2×2＝4㎠　よって深さは2÷4＝0.5㎝になるから　答えは5㎜　(2)比例　(3)C．底面積　D．多い　(4)記号…エ　理由…容器の入り口の面積と容器の底面積が異なり，たまった水の量が深さに比例しないため。

3　(1)137　(2)ア　(3)記号…ア　理由…8時から12時の間の折れ線グラフが最も変化しているから。　(4)ウ

4　(1)ア　(2)どの植物にも光がよく当たるようになるため。

(3)「空気」が必要かどうか…右図／アサガオの種子を水にしずめる。

「水」が必要かどうか…右図／アサガオの種子をかわいただっし綿の上に置く。

(4)エ

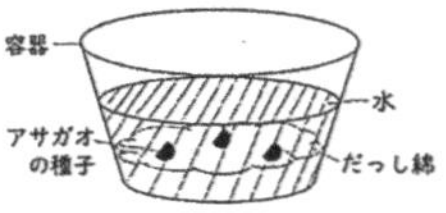

4(3)「空気」が必要かどうかの図

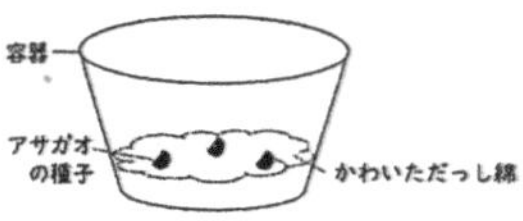

4(3)「水」が必要かどうかの図

5　(1)装置内にある空気　(2)重曹を加える前のクエン酸水溶液の重さと重曹の重さの和から，気体発生後の水溶液の重さをひく。　(3)ウ　(4)エ

《解　説》

1　(1)　28÷7＝4より，28は7で割り切れるから，うるう年以外では，2月と3月の同じ日は同じ曜日になる。

(2)　2023年6月1日は2023年2月28日の31＋30＋31＋1＝93(日後)だから，93÷7＝13余り2より，13週と2日後である。また，28は7の倍数だから，2023年2月28日は，同月の7日と同じ火曜日である。よって，2023年6月1日は火曜日の2日後だから，木曜日である。

(3)　365÷7＝52余り1，366÷7＝52余り2より，各年の1月1日の曜日について，うるう年ではない年の次の年の曜日は前年の曜日の1日後，うるう年の次の年の曜日は前年の曜日の2日後の曜日になる。これは，図のカレンダーにも示されているように，2023年1月1日は日曜日，2024年の1月1日は日曜日の1日後である月曜日，2025年1月1日は，2024年がうるう年だから，月曜日の2日後である水曜日であることからもわかる。

翔太さんが成年年齢に達するのは2023年1月1日のちょうど18－12＝6(年後)の2029年1月1日である。

2023年から2028年までにうるう年は2024年，2028年の2回ある。よって，曜日は6＋2＝8(つ)ずれることになり，8÷7＝1余り1より，曜日が1つずれるのと同じである。2023年1月1日は日曜日だから，2029年1月1日は月曜日である。

2　(1)　1mL＝1㎤だから，2mL＝2㎤である。Aの単位は㎜であることに気をつける。

(2)　一方の値《あたい》が2倍，3倍になり，もう一方の値も2倍，3倍になるとき，2つの値は比例している。

(3)　たまった水の量，つまり水の体積は(容器の底面積)×(水の深さ)で求められる。また，大きい容器には入る水の量も多くなるので，雨が降ったときにたまる水の量は多くなる。

(4)　正しい結果になるためには，たまった水の量と水の深さが比例しなければならない。エの容器は水の深さによって，水面の面積が変わるため，明らかに比例の関係が成り立たない。

3　(1)　奈良市の月ごとの平均降水量は，(71＋53＋121＋160＋202＋117＋224＋307＋176＋58＋71＋86)÷12＝1646÷12＝137.1…より，137㎜である。

⑵　奈良市は，降水量が０㎜以上50㎜未満の月数が０，50㎜以上100㎜未満の月数が５，100㎜以上150㎜未満の月数が２，150㎜以上200㎜未満の月数が２，200㎜以上250㎜未満の月数が２，250㎜以上300㎜未満の月数が０，300㎜以上350㎜未満の月数が１だから，アが適切である。

⑶　グラフの傾き方が最も大きい時間を考える。８時～12時と12時～16時のどちらの方のグラフの傾き方が大きいかがわかりにくい。８時～12時の４時間で約40㎜，12時～16時の４時間は，16時までの降水量は80㎜未満なので，80－40＝40(㎜)より少ない。したがって，８時～12時の傾き方の方が大きい。よって，正しいものはアである。

⑷　円グラフや帯グラフは，全体の中の構成比(割合)を見るときに使う。また，柱状グラフ(ヒストグラム)は，⑵のように階級に区切って，量の大小を比べるときに用いる。折れ線グラフは，時間とともに，どのように量の増減が変化したかを表すときに用いる。1960年から2020年まで，雨の降った日数の変化を調べたいので，折れ線グラフを用いる。直線の傾き方によって，変化の大きさもわかりやすいので，適する。よって，正しいものはウである。

4　⑴　太陽の動きはアとイが正しい。また，直後の翔太さんの発言に「植物の成長には光が必要」とあることから，できるだけ野菜に光を当てようとしていると考えられる。よって，アが正答となる。なお，植物が光を受けて，二酸化炭素と水を材料にしてでんぷんと酸素をつくり出すはたらきを光合成という。

⑵　太陽が南の空にあるとき，影《かげ》は北に向かってのびる。このとき，南側に背の高い植物が植えられていると，それより北側にある植物には光が当たらなくなってしまう。

⑶　ある条件が必要かどうかを確かめるには，その条件だけが異なる２つ(以上)の実験の結果を比べる必要がある。空気が必要かどうかを確かめるには，図１に対して空気の条件だけが異なる実験を行い，その実験で発芽しないことを確かめる必要がある。図１は種子が空気にふれている状態だから，水にしずめるなどして種子が空気にふれない状態で実験を行えばよい。水が必要かどうかを確かめるときも同様に，図１に対してだっし綿がしめっていない状態で実験を行い，発芽しないことを確かめればよい。空気，あるいは水の条件だけを変えるので，どちらの実験もだっし綿をとりのぞかないように注意しよう。

⑷　ア×…②～④の連続して光が当たる時間は①と同じかそれ以上であるが，②～④では花がさかなかった。
イ×…光の当たる時間が光の当たらない時間より短い①では花がさいた。　ウ×…光の当たらない時間が①とほぼ同じで，光の当たらない時間の方が長い④では花がさかなかった。

5　⑴　発生した気体の体積を調べる場合には，ガラス管から出てきた気体を最初から集める。

⑶　ウ×…クエン酸と重曹《じゅうそう》が反応することで気体が発生するから，水の体積を２倍にしてもクエン酸と重曹の重さが同じであれば，発生する気体の重さの最大値も同じである。

⑷　図２より，重曹の重さが８ｇ以上では発生した気体の重さが一定になるから，クエン酸６ｇと重曹８ｇが過不足なく反応することがわかる。図３で，重曹の重さが８ｇ以上になってもグラフが右上がりになっている(下がった温度が大きくなっている)ということは，重曹を水に溶かすだけで水の温度が下がるということである。重曹を水に溶かしたときに温度が上がるとすれば，重曹の重さが８ｇ以上になるとグラフは右下がりになり，温度が変化しないとすれば，重曹の重さが８ｇ以上になるとグラフは一定になるはずである。

青翔中学校　2022 令和4年度　適性検査1

《解答例》

一　(一)ア　(二)ウ　(三)室町　(四)C　(五)資料4…ア　資料5…エ　(六)エ　(七)ウ→イ→ア

(八)富山県の製造品出荷額の割合が第一位の業種は18%の「化学工業品」で、第二位は4%の「食料品」で、第一位と第二位の割合には大きな差がある。また、「食料品」出荷額の割合が最も高い新潟県は、第一位が 17%の「食料品」、第二位が15%の「化学工業品」であり、第一位と第二位の割合の差は小さい。

二　(一)大量の計算を約十六万個の小さなCPUという計算装置に分担させるから。　(二)経済やエネルギー、地球環境など、社会のさまざまな課題　(三)ゲームをする／ゲームを楽しむ　などから1つ　(四)エ　(五)CPUを今以上に小さくすると、電気が設計どおりに流れなくなり、うまく計算ができなくなる点。　(六)エ，オ

(七)(例文)

夏には大雨によるひ害のニュースをよく目にします。そこで、災害が起きる前に危険な場所から全員がひ難するために、自然災害が起きることを正しく予測することに「富岳」を活用したいと考えました。降水量や地形、地層の様子などからひ害の危険性を計算して命を救うことに役立てたいです。

そのためには、気象庁や地学の専門家、また、ひ難の指示を伝える役所の人などとの協力が必要だと思います。

《解　説》

一　**(一)**　アが正しい。資料1より，富山県の東南部の土地が標高 100m以上だと読み取れる。　イ．奈良県の河川のほとんどは東から西方向へ流れる。　ウ．奈良市に新幹線は開通していない。　エ．奈良県は海に面していない。

(二)　ウが正しい。平安時代末期，越中(現在の富山県)と加賀国(現在の石川県)の国境にある砺波《となみ》山の倶利伽羅峠で，源義仲(木曽義仲)が率いる源氏軍と平維盛が率いる平氏軍が激突して起こった。倶利伽羅峠の戦いでは，源氏軍が平氏軍に勝利した。アは愛知県，イは山口県。エは岐阜県で源平合戦ではない。

(三)　雪舟は中国(明)に渡って水墨画を学び，「秋冬山水図」「天橋立図」などを描いた。室町時代の書院造には床の間が設けられており，床の間を飾るために水墨画の掛け軸が発達した。

(四)　Cを選ぶ。Aは北海道，Bは秋田県，Dは愛媛県。

(五)　資料4は富山城址に県庁があるが，富山駅から北へ向かう鉄道は開業していないのでアと判断する。資料5は富山駅の北に環水公園と文化ホールがあるのでエと判断する。

(六)　エは裁判所が持つ権限(違憲立法審査権)なので，誤り。

(七)　市町村の数が最も少ないアを市町村合併後の 2018 年と判断する。残ったうち，製造品出荷額が増加したイを 1994 年と判断できるので，ウは 1969 年となる。よって，ウ→イ→アの順になる。

(八)　資料6を見ると，富山県では，化学工業品の割合の が食料品の割合の よりも4倍以上高い。一方，新潟県では，食料品の割合の と化学工業品の割合の がほとんど同じであり，差が小さいことが分かる。

二　**(一)**　直後の段落に「その高速計算の秘密は仕事の分担です」とある。その段落の3文目に，「富岳《ふがく》」の場合は何に仕事を分担させることで高速で計算できるのかが説明されている。

(二)　最後から3段落目に「経済やエネルギー，地球環境《かんきょう》など，社会のさまざまな課題を解決するために『富岳』は役立てられます。私たちの暮らしが続くかぎり，そうした課題は次々と出てくるでしょう」とある。

(三)　[A] をふくむ段落は，「スパコンをゲーム機に例えて」説明されている。これからどんなゲームが求められるのかを予想するために [A] の意見をよく聞いて，その上でゲーム機やゲームアプリをつくる人たちが開発を進めれば，みんなが使いやすいゲーム機になるということが述べられている。[2]の会話文には，「富岳」を開発するのに，どのような人たちの意見をよく聞いたのかがわかる先生の発言がある。「スパコンの作り手と使い手がいっしょになって開発したのです。限られた専門家だけではなく，実際の利用者も幅《はば》広く関わって，会議は一二〇〇回ほども行われたようですよ。いろいろな業種の人たちと協力することが開発には必要だったのですね」より，「[A] 人たち」は，ゲームの使い手や利用者（＝ゲームをする人たち）が当てはまる。

(四)　ア．「身近なもの」である「ゲーム機」を例に挙げ，「読者がイメージしやすいように述べている」。イ．最後から２段落目に「博士の夢を示し」て，最後の段落で「読者も挑戦《ちょうせん》する気持ちになるように述べている」。　ウ．第１段落の「日本に住む一億二〇〇〇万人の全員が，一秒間に一回，二十四時間寝《ね》ないで計算を続けたとしても百年以上かかる量の計算を，『富岳』はたった一秒でできるのです」とある。これは，「具体的な数値を用い」ることで，「富岳」の計算の速さが「わかりやすく伝わるように述べている」。　エ．「海外のものと日本のものとの違《ちが》いを示，比べながら述べている」部分は，[1]の文章にない。　よってエが正解。

(五)　直後に「ところが，そううまくはいきません」とある。その次の文に「ＣＰＵの数を増やすにはＣＰＵを小さくする必要があるのですが，ＣＰＵを今以上に小さくすると，電線の幅が～狭《せま》くなりすぎて電気が設計どおりに流れなくなり，うまく計算ができなくなるからです」と，うまくいかない理由（＝問題点）が述べられている。

(六)　「勝」の部首は，力である。よってエとオが適する。ア・イ・ウの部首は月。

《解答例》

1 (1)ア．10　イ．9　ウ．10　(2)分数…$\frac{7}{12}$　説明…10 本の数直線をかくと数直線上の分数の個数は全部で 55 個になる。62 個目になるのは 11 本目の数直線の 7 番目だから。　(3) $3\frac{1}{2}$　(4)21

2 (1)6とおり　(2)ア．7　イ．2　ウ．4　エ．4　オ．1　カ．6

(3)曜日…木曜日　説明…1.5 kgは 1500 g である。木曜日の場合は，1500÷250＝6(個)，375×(1－0.2)＝300(円)だから，300×6＝1800(円)である。日曜日の場合は，250×(1＋0.2)＝300(g)，1500÷300＝5(個)だから，375×5＝1875(円)である。他の曜日は，375×6＝2250(円)である。よって，木曜日がもっとも安い。

3 (1)ア．6　イ．3　ウ．4　エ．円の直径の長さの4倍より短くなる

(2)面積…41.04 ㎠　説明…半径6㎝の円の面積は，6×6×3.14＝113.04(㎠)　内側の正方形の面積は，12×12÷2＝72(㎠)である。よって，113.04－72＝41.04(㎠)になる。

4 (1)方法…びんに石灰水を入れて振る。　結果…白くにごる。　(2)びんの中の気体に一定の割合以上の酸素が含まれている必要があり，二酸化炭素の割合は関係しない　(3)イ　(4)(い)右図　(う)右図

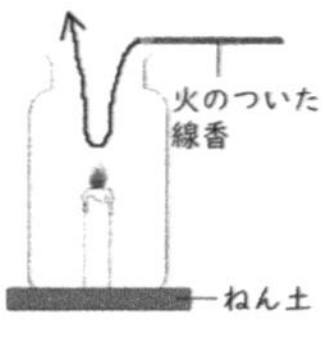

4(4)(い)の図

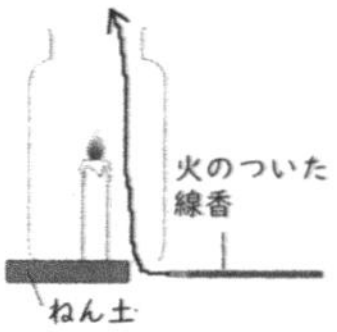

4(4)(う)の図

5 (1)ア→ウ→イ　(2)ア　(3)さくらの開花日は，北にある都市ほど遅くなる。それに対して，かえでの紅葉日は，北にある都市ほど早くなる。

(4)さくらの開花日やかえでの紅葉日の 1961 年～1990 年の記録を平均した日に関するデータ。

(5) A 空気中　B 水蒸気　C コップに冷やされて

《解　説》

1 (1) $\frac{1}{2}$から数えはじめると，1本目で1個，2本目で2個，3本目で3個，…の分数が出てくるので，4本目までに出てくる分数の個数は，1＋2＋3＋4＝ア10(個)

また，10＋5＋6＋7＋8＋9＝45 より，イ9本目までに出てくる分数の個数は 45 個になる。

45＋10＝55 より，数直線がウ10本のとき，出てくる分数の個数は 50 個をこえる。

(2) (1)の解説をふまえて考えると，解答例のように説明できる。A本目の分数の分母は，A＋1となることに気をつけよう。

(3) 求める数は，$\frac{1}{8}+\frac{2}{8}+\frac{3}{8}+\frac{4}{8}+\frac{5}{8}+\frac{6}{8}+\frac{7}{8}=\frac{28}{8}=\frac{7}{2}=3\frac{1}{2}$

(4) 分母が2である分数の和は$\frac{1}{2}$，分母が3である分数の和は$\frac{1}{3}+\frac{2}{3}=1$，分母が4である分数の和は$\frac{1}{4}+\frac{2}{4}+\frac{3}{4}=1\frac{1}{2}$，…となる。よって，分母の数が2のときの分数の和は$\frac{1}{2}$で，そこから分母の数が1大きくなるごとに分数の和が$\frac{1}{2}$大きくなることがわかる。分数の和が 10 になるのは，分母の数が2のときと比べて$10-\frac{1}{2}=\frac{19}{2}$大きくなるので，求める分母の数は，2よりも$\frac{19}{2}\div\frac{1}{2}=19$大きい，2＋19＝21 である。

2 (1) ノートの買い方は，(80 円，120 円)(80 円，150 円)(80 円，180 円)(120 円，150 円)(120 円，180 円)(150 円，180 円)の6とおりある。

(2) 80 と 120 の最小公倍数は 80×3＝120×2＝240 なので，㋐80 円のノート3冊を 120 円のノート2冊に置きかえることができる。80 円のノートが 800÷80＝10(冊)で 800 円になるので，ここから，㋐の作業をくり返していく

と，条件に合う(80円，120円)のノートの冊数は，(７冊，２冊)(４冊，４冊)(１冊，６冊)となる。
この３つの組み合わせが書かれていれば，ア～カの並びが解答例と異なっていてもよい。

(3)　1.5kg＝(1.5×1000)g＝1500gだから，木曜日と他の曜日は，買うねん土の個数が1500÷250＝６(個)となる。日曜日は，１個あたりのねん土の重さが250×(１＋0.2)＝300(g)になるので，買うねん土の個数が1500÷300＝５(個)となる。また，木曜日はねん土１個あたりの値段が375×(１－0.2)＝300(円)になる。
このことから，解答例のように説明できる。

3　(1)　図１のように，正六角形は対角線によって，６つの合同な正三角形にわけることができる。この正三角形の１辺をＡとすると，円の半径の長さはＡ，円の直径の長さはＡ×２，正六角形のまわりの長さはＡ×６となる。
よって，正六角形のまわりの長さは円の半径の長さのア６倍，円の直径の長さの６÷２＝イ３(倍)である。
円周の長さは正六角形のまわりの長さよりも長いから，円の直径の長さの３倍より長くなる。
図２について，円の直径の長さは円の外側にある正方形の１辺の長さに等しいから，正方形のまわりの長さは，円の直径の長さのウ４倍だとわかる。円周の長さは，正方形のまわりの長さよりも短いので，エ円の直径の長さの４倍より短くなる。

(2)　円の内側の正方形について，対角線の長さは６×２＝12(cm)であり，正方形(ひし形)の面積は，(対角線)×(対角線)÷２で求められることから，解答例のように説明できる。

4　(2)　図２より，ろうそくが燃える前の酸素の割合はおよそ20％であり，酸素20％のびん③で空気中と同じ燃え方をしたことから，酸素が空気中と同じくらいの割合でふくまれていれば，ろうそくは燃えると考えられる。また，びん③の二酸化炭素の割合(80％)は，図２のろうそくが燃えたあとの二酸化炭素の割合よりはるかに大きいが，ろうそくは空気中と同じ燃え方をしたので，ろうそくが燃えるのに二酸化炭素の割合は関係ないと考えられる。

(3)　酸素が多いほど，ろうそくの燃え方は激しくなると考えられる。

(4)　燃えた後の空気は軽くなって上に動き，そこに新しい空気が流れこんでくることで，ろうそくは燃え続ける。(あ)のように，燃えた後の空気が上から出ていかない場合には，下のすき間から新しい空気が入ってくることができずに火が消えてしまう。(い)のように，上のすき間が大きい場合には，上から燃えた後の空気が出て，上から新しい空気が入ってくる。(う)のように，上と下にすき間がある場合には，上から燃えた後の空気が出て，下から新しい空気が入ってくる。

5　(1)　台風は日本の南の海上で発生し，その後北上するので，台風が南にあるものほど日付が古いと考えればよい。

(2)　表１より，９時のとき，風は南東から北西に向かってふいているから，図２より，台風の中心は気象台の西にあるとわかる。同様に考えると，12時のとき，風は南西から北東に向かってふいているから，台風の中心は気象台の北にあるとわかる。よって，台風はアのような進路で通り過ぎたと考えられる。

(3)　さくらはあたたかい南の方が早く開花し，かえでは寒い北の方が早く紅葉する。

(4)　昔に比べ，さくらの開花日が早くなって，かえでの紅葉日が遅《おそ》くなっていれば，気温が上がっていると考えることができる。表２は1991年～2020年の30年分の記録の平均だから，1991年より前の30年分の記録の平均と比べるとよい。

青翔中学校 2021 令和3年度 適性検査1

《解答例》

一 (一)商売　(二)エ　(三)(1)平安　(2)資料２…エ　資料３…ウ　(3)イ，ウ　(四)(1)イ，オ　(2)資料５から、専業農家数が全農家数のほぼ半数となるのは和歌山県である。資料６から、和歌山県は果実を販売する農家数の割合が最も高い。一方滋賀県は、果実を販売する農家数の割合が最も低く、米を販売する農家数の割合が高い。

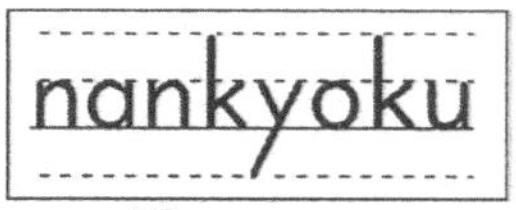

二(一)南極の図

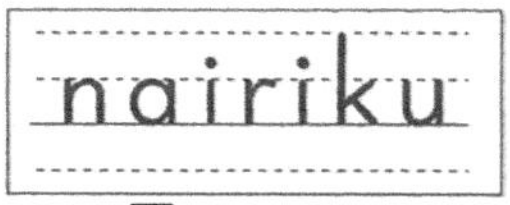

二(一)内陸の図

二 (一)右図　(二)ウ　(三)ア，エ　(四)夏の期間が短いため、暖かくなってから卵を産んでいては、厳しい冬が来るまでにヒナが十分に成長しないから。

(五)胃の中に(ヒナに与える)魚を(たっぷりと)たくわえる　(六)イ

(七)(例文)

私は南極でいん石を採集して調査したい。いん石という地球外物質を調べることで、太陽系の起源や進化を解明し、地球かんきょうの変動を探究して、かんきょう問題解決のヒントとなる情報を集めたいと考えている。

そのためには、より多くのいん石を採集しなければならない。さらに落下するところから観察したいので、各地にカメラを設置し、さつえいした記録をできるだけ数多く集め、画像をぶんせきすることから始めたい。

《解　説》

一 **(一)**　織田信長が安土城下に出した楽市・楽座令によって，公家や寺社などに税を納めて保護を受け，営業を独占していた座が廃止された。その結果，誰でも自由に商売ができるようになり，商工業が活性化した。

(二)　エ．条例は，都道府県や市区町村の議会が法律の範囲内で制定し，その地方公共団体にのみ適用される。琵琶湖ではかつて赤潮が発生したため，リンを含む合成洗剤の使用が条例によって禁止されている。

(三)(1)　紫式部は，平安時代に仮名文字で長編小説の『源氏物語』を書いた。　**(2)**　資料２と資料３は，長浜港と長浜駅があることから，ウ・エと判断できる。ヨットハーバー建設後の資料２をエ，建設前の資料３をウと判断する。　**(3)**　イとウが正しい。　イ．役所(◎)は北東に移動した。　ウ．琵琶湖を埋め立て，ヨットハーバーが建設された。　ア．琵琶湖は南西部にある。　エ．資料２では「主に水田が多いところ」が全くない。　オ．資料３ではＪＲ線沿いと長浜駅南東部に「主に工場が多いところ」がある。

(四)(1)　イとオが正しい。　イ．京都府の経営耕地面積の割合は，１ha 未満が 40.9%，１ha 以上３ha 未満が 34.8%，３ha 以上 10ha 未満が 17.8%，10ha 以上が 6.5%であり，１ha 未満が最も高い。　オ．１ha 以上３ha 未満の規模の経営耕地面積は，兵庫県が 44075×0.373＝16439.975(ha)，和歌山県が 21426×0.54＝11570.04(ha)だから，兵庫県の方が和歌山県よりも広い。　ア．経営耕地面積が最も広いのは兵庫県である。　ウ．大阪府の 10ha 以上の規模の経営耕地面積は 5794×0.01＝57.94(ha)だから，約 58ha である。　エ．滋賀県の経営耕地面積の割合は，１ha 以上３ha 未満と 10ha 以上でその前の規模よりも高くなっている。　**(2)**　資料５より，和歌山県の専業農家数の割合が 47.8%であることから，専業農家数が全農家数のほぼ半数を占めると判断できる。資料６より，和歌山県では果実を販売する農家数の割合が 62.2%であり，他の府県よりも高いとわかる。滋賀県では果実を販売する農家数の割合は 0.9%と低いが，米を販売する農家数の割合は 92.0%であり，他の府県よりも高いとわかる。

二 **(二)**　ウは、「品を納める」という意味で、下の漢字が上の漢字の動作の対象を表しているので、適する。ア．同じような意味の漢字の組み合わせ。　イ．反対の意味の漢字の組み合わせ。　エ・オ．上の漢字が下の漢字を修飾《しゅうしょく》している。

(三)　ア．１段落目の内容と、５段落目の「気温はマイナス六〇度。それに加えてブリザードが容赦《ようしゃ》なく吹《ふ》きつける。そんな中をオスたちはじっと卵を守り続けるのである」から、適する。　イ．アザラシなどの肉食獣《にくしょくじゅう》がいない内陸で卵を産むので、見張る必要はない。　ウ．メスが戻《もど》って来る前にヒナが生まれてしまった場合には、オスが栄養物を吐《は》き出《だ》して与《あた》えるので、ヒナがエサをもらえず死んでしまうことはない。　エ．最後から４段落目の「四か月もの間～絶食を続けていることになる」「この季節になると、オスの体重は半分ほどにまで減ってしまう」と一致《いっち》するので、適する。　オ．最後の段落に、コウテイペンギンは、一万羽もの群れの中で声だけでパートナーを探し合うことができるとあるので、適さない。

(四)　――線部②の後に続く、「南極の夏は短い」「もし、暖かくなってから卵を産んで温めていたのでは、卵から孵化《ふか》した子どもたちが大きくなる前に夏が終わり、子どもたちは厳しい冬を過ごさなければならなくなってしまう」などからまとめる。

(五)　ペンギンの胃の仕組みだから、直前の「ヒナに与える魚を胃の中にたっぷりとたくわえて」からまとめる。

(六)　――線部②をふくむ段落で「しかし不思議である。一般的《いっぱんてき》に鳥は春に卵を産み、エサの多い夏の間に子育てをする。それなのに、どうしてコウテイペンギンは、これから厳しい冬に向かおうとする季節に卵を産むのだろうか」と不思議だと思うことを問いかけ、説明を続けているので、イが適する。　ア．１・２段落のブリザードの中にオスのコウテイペンギンの群れが見える場面は、オスが抱卵《ほうらん》しているときの描写《びょうしゃ》で、続く段落では、卵を産む前の場面に時間が戻《もど》っているから、「時間の経過にそって」はいない。　ウ．「筆者の体験」については書かれていない。　エ．このようなことは本文に書かれていない。

《解答例》

1 ⑴２cm　⑵面積…４cm²　説明…図カの三角形で，円の半径４cmを底辺として考えると，高さは，図オのＡＤと等しい２cmであるので，面積は，４×２÷２＝４　⑶16 cm²　⑷32 cm²

2 ⑴①式…９×３＝27　答え…27 個　②式…８×３＋３＝27　答え…27 個　③12 番目

⑵①ア．４　イ．18　ウ．28　エ．７　オ．55

②個数…190 個　説明…13 番目の全部の個数は，10 番目の全部の個数と 13 番目の外側ひとまわりの個数の和だから，55＋12×３＝91　16 番目の全部の個数は，13 番目の全部の個数と 16 番目の外側ひとまわりの個数の和だから，91＋15×３＝136　19 番目の全部の個数は，16 番目の全部の個数と 19 番目の外側ひとまわりの個数の和だから，136＋18×３＝190

3 ⑴水の量…25mL　説明…容器１において，深さが１cmのときの水の量は 15×５×１＝75 だから，75mL である。３秒間で 75mL だから，１秒間では 25mL

⑵深さ…６cm　説明…容器１と容器２は，同じ容量の容器である。容器１で水の深さが２cmになったので，全体の５分の２の量だから，容器２でも５分の２の量になる。よって，15×$\frac{2}{5}$＝6

⑶右グラフ

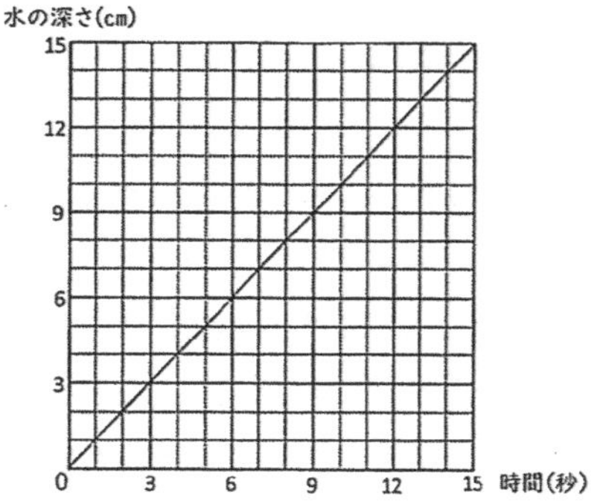

4 ⑴オ　⑵花粉が風によって運ばれることで受粉する。　⑶右図

⑷月の形がもとにもどるまでの期間である 29.5 日を 12 倍すると 354 日となり，１年の日数である 365 日よりも 11 日少ないから。

⑸月から見た地球の位置…ウ　月から見た地球の形…キ

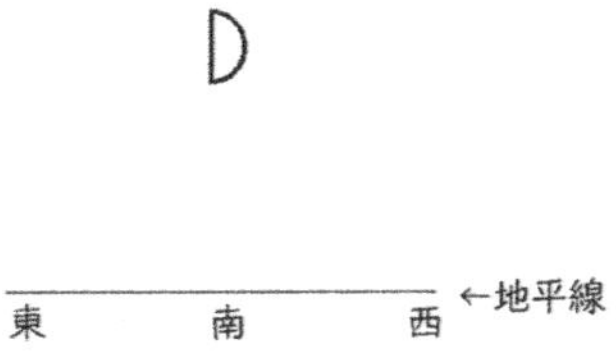

5 ⑴右グラフ　⑵ウ　⑶下図

⑷水そうの水で冷やされて，液体の水になった　⑸丸底フラスコの中へ入ってしまいます

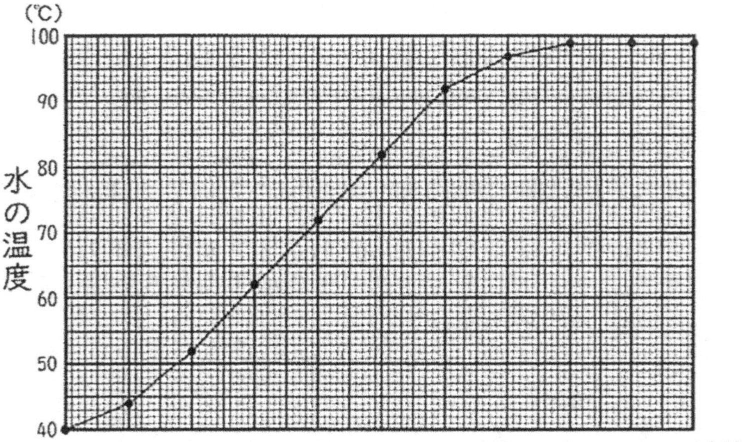

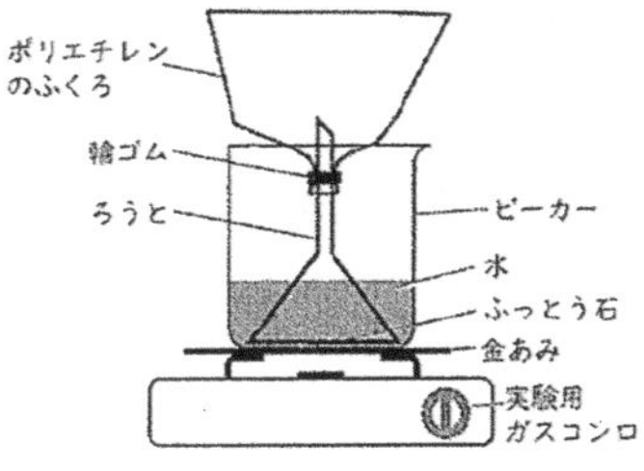

《解　説》

1 ⑴　ＡＣ＝ＡＢ＝４㎝であり，ＡＣは直線あいによって長さが２等分されているから，ＡＤ＝４÷２＝２(㎝)

⑵　右図のように記号をおくと，三角形ＯＥＦの底辺をＯＦ＝４㎝としたときの高さは，ＥＧ＝２㎝である。

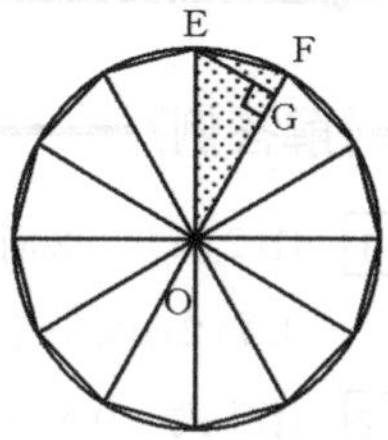

⑶　図イの四角形は長方形だから，２本の対角線によって面積が４等分される。
よって，図イの四角形の面積は図カの色のついた三角形の面積の４倍なので，４×４＝16(㎠)

⑷　図ウの四角形の面積は図キの色のついた三角形の面積の４倍だから，
(４×４÷２)×４＝32(㎠)

2 ⑴①　翔太さんは右図Ａのように，１辺の個数から１を引いた個数を３倍している。したがって，10 番目のいちばん外側のおはじきの個数は，
(10－１)×３＝９×３＝27(個)

図Ａ　図Ｂ

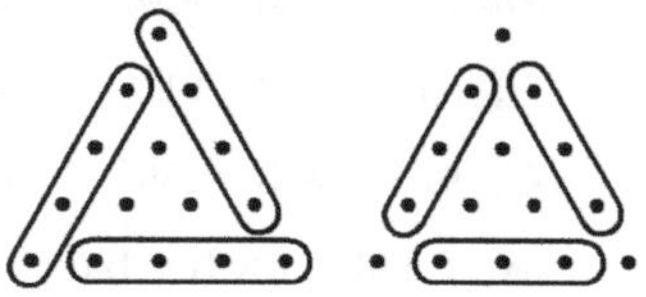

②　花子さんは右図Ｂのように，頂点以外の個数(１辺の個数から２を引いた数)を３倍してから，頂点の個数(３個)を足している。
したがって，10 番目のいちばん外側のおはじきの個数は，(10－２)×３＋３＝８×３＋３＝27(個)

③　翔太さんの考えにもとづくと，１辺に 33÷３＋１＝12(個)並んでいるとわかる。花子さんの考えにもとづくと，１辺に(33－３)÷３＋２＝12(個)並んでいるとわかる。よって，12 番目である。

⑵①　ｎが４以上の整数のとき，ｎ番目のおはじきの並びからいちばん外側のおはじきを取ると，ｎ－３(番目)の形のおはじきが残る。したがって，７番目のおはじきの個数は，７－３＝ア４(番目)の全部のおはじきの個数と，７番目のいちばん外側のおはじきの個数を足すと求められる。表を見ると，いちばん外側のおはじきの個数は連続する３の倍数になっていて，ｎ番目では，(ｎ－１)×３で求められるとわかる。よって，７番目のいちばん外側のおはじきの個数は，(７－１)×３＝イ18(個)だから，７番目の全部のおはじきの個数は，10＋18＝ウ28(個)
10 番目の全部のおはじきの個数は，10－３＝エ７(番目)の全部のおはじきの個数の 28 個と，10 番目のいちばん外側のおはじきの個数の(10－１)×３＝27(個)を足すと求められるから，28＋27＝オ55(個)である。

②　①の考え方と同様にして，13 番目の個数→16 番目の個数→19 番目の個数，の順に求めればよい。

3 ⑴　グラフ①を見ると，３秒後に水の深さが１㎝になっている。このとき入れた水の体積は，５×15×１＝75(㎤)
１㎤＝１mL だから，75 ㎤＝75mL なので，１秒間に入れる水の量は，75÷３＝25(mL)

⑵　容器２は，容器１の底面を変えて置きなおした同じ容器であることに気がつけば，解答例のように簡単に計算することができる。

⑶　１秒間に 25mL＝25 ㎤の水が入れられるので，１秒ごとに水の深さが，$\frac{25}{5\times5}$＝１(㎝)増える。よって，解答例のようなグラフになる。

4 ⑴　オ○…図Ｉのように，月は太陽の光を反射して光って見える。この日に見た月は満月だから，地球から見たときに，太陽と月が反対の方向にある。

図Ｉ

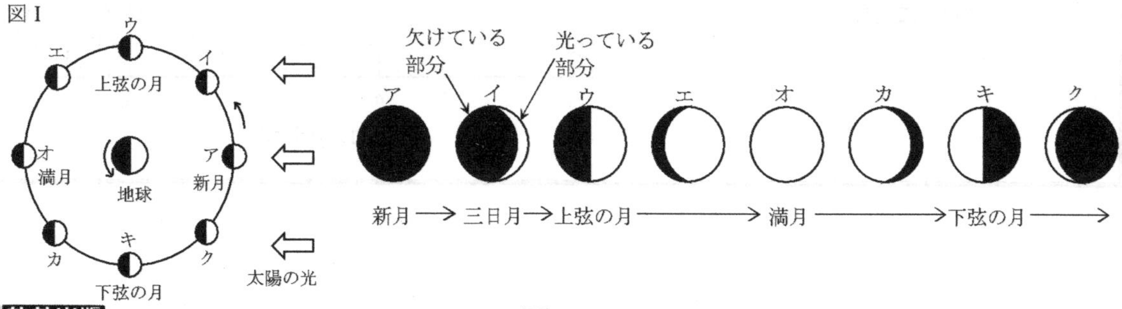

(2) ススキのように小さくて軽い花粉は，主に風によって運ばれて受粉する。他に花粉が風によって運ばれて受粉するのはマツ，スギなどである。

(3) 月は新月→上弦の月（7日後）→満月（15 日後）→下弦の月（22 日後）の順に満ち欠けし，約 29.5 日後に新月にもどる。中秋の名月（満月）の7日前に見える月は上弦の月だから，図Ⅰのウのように見える。上弦の月が午後6時ごろに見える方角は南である。

(4) (3)解説より，1年後の満月は 29.5×12＝354（日後）に見えるので，1年は 365 日あることから，中秋の名月が見える日は11 日早まる。

(5) 〔月から見た地球の位置〕ウ○…月は常に同じ面を地球に向けているので，月の×の位置から見た地球の位置はいつもほぼ真上に見える。　〔月から見た地球の形〕キ○…月から地球を見ると，地球から見たときの月がかけている部分と同じ形に光って見えるので，地球から見た月と同じように形が変化して，約 29.5 日でもとの形にもどる。

5 (1) 折れ線グラフにするので，点と点を線で結ぶ。

(2) ア○…水がふっとうしている間，温度は 100℃で変化しない。　イ○…加熱中に水が水じょう気に変化してビーカーの外に出ていくので，加熱後のビーカーの中の水の量は減る。　ウ×…湯気は小さな水てきのつぶである。水じょう気は目に見えない。　エ○…水が水じょう気に変化することをじょう発という。

(3) ふっとうによって出てくる水じょう気のあわは水中で発生するので，ろうとを逆さにしてビーカーの中に入れて，あわがろうとの先から出てくるようにする。

(4) 水がふっとうする前にガラス管の先から出たあわは，最初に装置の中に入っていた空気だから，水そうの水面までのぼっていく。一方，水がふっとうしているときにガラス管の先から出たあわは水じょう気だから，ガラス管から出ると冷やされて水に変化するため，あわが消える。

(5) 加熱を止めると，丸底フラスコ内の気体の体積が小さくなり，水そうの水がガラス管を通って丸底フラスコ内に吸いこまれるので危険である。したがって，加熱を止める前にガラス管を水そうの水から抜かなければならない。

《解答例》

一　(一)イ，ウ　(二)エ　(三)制度名…参勤交代　人物名…徳川家光　(四)明治維新後、日本各地に鉄道路線ができ、大都市の東京には中央駅が必要となり、東京中心部の皇居東側には空き地が多く、大きな駅をつくることが可能であったため。　(五)イ　(六)一九六〇年から一九七〇年にかけて、国民の平均給与額が増加し、くらしは豊かになったので、多くの品物が売り買いされ、それらを運ぶことがさかんになったと考える。また、高速道路が整備され、高速かつ大量に遠くまで、多くの荷物を輸送できるようになった。これらのことから、荷物の輸送重量距離が大きく増加したと考える。

二　(一)文化芸術の発展に役立つ　(二)知人から聞　(三)イ，エ　(四)かむことで食事中に時間が生まれ、この時間が食事に「共在感覚」、つまり「同じ場所に・ともに・いる」気持ちを生み出すから。　(五)エ

(六)(例文)

私は、和食を重視した食事が望ましいと考える。日常の食事に加えて、正月のおせち料理や、奈良のかきの葉ずしといった郷土料理にも関心をもち、和食文化を次の世代に引きついでいきたいと思う。

なぜなら、和食は低カロリーで栄養のバランスもよく、しゅんの食材や風土に応じた料理法が日本人の味覚に適しているからだ。つまり、和食は栄養とおいしさの両方をかね備えた食事であるからだ。

《解　説》

一　(一)　イとウが正しい。アについて，中心点東側(右側)にあった水路は，現在見られない。エについて，中心点南側(下側)にあった東京府庁は，現在東京国際フォーラムになっている。オについて，中心点北側(上側)にあった軍施設はホテルに変わっている。

(二)　エが正しい。20 世紀は 1901 年～2000 年までだから，エを選ぶ。小村寿太郎がアメリカとの間で，関税自主権の回復に成功したのは 1911 年のことである。東海道新幹線の開通は 1964 年，ペリー来航は 1853 年，室町に花の御所を開いたのは 1381 年，五箇条の御誓文が発表されたのは 1868 年のことである。

(三)　参勤交代の目的については，以前は「大名に反抗できる力をつけさせないため」と言われていたが，現在では，「将軍と大名の主従関係の確認のため」の意味合いが強かったと解釈が変わってきている。

(四)　「東京を代表する大きな中央駅をつくろうとしたこと」「皇居外苑の東側に広大な空き地があったこと」から，東京駅が都市の中心に建設されたことを導く。

(五)　資料4は国会議事堂だから，イを選ぶ。国会には法律を定める立法権がある。アとエは内閣，ウとオは裁判所の仕事である。

(六)　1960 年から 1970 年にかけて，国民の平均給与額が3倍近くに上昇していることから，人々の暮らしが豊かになり，経済が発展するとともに，物資の流通がさかんになったことを読み取る。また，1960 年代に高速道路が建設されたことで，トラックでの輸送が全国各地にできるようになり，輸送距離と輸送重量が増加したことと関連付ければよい。

二　(一)　━━線部は、文脈から──線②の「人類の文化をより高尚《こうしょう》なものにする」と対応した部分だとわかる。そこから内容を推測し，適切な漢字を用いることができる。

(二)　──線①の直後に「を聞いて」とある。4～5行前の「知人から聞いたのですが」に着目する。

(三)　ア．第１段落でこのような可能性があると述べているが、この部分でもあとの部分でも、それを──線②のような疑問を感じることと結びつけてはいない。　イ．──線②の直後からの「なぜかといいますと、一つは、食事みたいな楽しいことが人びとの暮らしからなくなってしまうのは、もったいないと思うからです。この楽しみを失ってまで到達《とうたつ》すべき高尚な文化などあるのでしょうか。～わたしが単純に食《く》いしん坊《ぼう》だけなのかもしれませんが、こんなに楽しいことができなくなるなんて、とてもつらいことだと思います」とあるのと一致《いっち》する。　ウ．最後から２番目の段落で、このようなムースやゼリーのことを話題にしているが、筆者は「かむこと」が重要だと考えているので、このようなゼリー食品には好意的ではないし、このような感想も述べていない。　エ．──線②の２つあとの段落で、「古くからの親友がこんなことを教えてくれました」として伝えている話の中で、「『胃ろう』という装置にするよりも、頑張《がんば》って口からご飯を食べられるようになったときの患者《かんじゃ》さんはいつもより生き生きとしていた」ということを取り上げ、その話に感激し、「食べることは、実は、人間が人間であるための根源的な行為《こうい》であると思うのです」と述べているのと一致する。　よってイとエが適する。

(四)　──線③の「もっと重要な意味合い」が具体的に書かれているのは、同段落の「しかしそれだけではありません。」よりあと。この部分を過不足なくまとめる。

(五)　第２段落の「知人から聞いたのですが」や、第５段落の「古くからの親友がこんなことを教えてくれました」は「人から聞いた話」を具体的な例として挙げている部分。第２段落で述べた「一日一回、小さな食べものを食べて、それで一日分の栄養補給ができるという世の中」を思い描《えが》いた未来が、「どんどん現実化」している具体的な例として、第５段落の最後で「サプリメントの誕生や、プロテインバーなどの携帯食《けいたいしょく》の発達」を挙げている。よってエが適する。

《解答例》

1 (1)$\frac{20}{99}$　(2)0.201920192　(3)ウ．0　エ．小数第50位までには2019が12回くり返され，その後に20が続くから　(4)146

2 (1)ア．$\frac{1}{45}$　イ．$\frac{1}{30}$　(2)時間…18分間　説明…アの草かり機の1分間あたりの仕事量は$\frac{1}{45}$で，イの草かり機の1分間あたりの仕事量は$\frac{1}{30}$である。2台の1分間あたりの仕事量は$\frac{1}{45}+\frac{1}{30}=\frac{5}{90}=\frac{1}{18}$である。2台では1分間で全体の$\frac{1}{18}$の仕事ができるので，18分間かかる。　(3)時間…36分間　説明…アの草かり機が18分間で行った仕事量は$\frac{1}{45}\times 18=\frac{18}{45}=\frac{2}{5}$である。残った仕事量は$1-\frac{2}{5}=\frac{3}{5}$だから，$\frac{3}{5}\div\frac{1}{30}=\frac{3}{5}\times 30=18$となって，イの草かり機は残りの草かりを18分間で終える。18＋18＝36より，はじめから36分間で終える。

3 面積…9.42 ㎠　説明…正方形ＡＢＣＤの内側にある４つの円のうち正方形ＥＦＧＨの内側にある部分は，半径２㎝の円１つ分の面積である。だから，正方形ＡＢＣＤの内側にある４つの円から正方形ＥＦＧＨの内側にある部分を除いた部分の面積は半径２㎝の円３つ分の面積である。この部分の面積の４分の１が▨部分の面積になるから，２×２×3.14×３÷４＝9.42である。

4 (1)水の１㎤あたりの重さは１ｇである。アルミニウムの１㎤あたりの重さは 2.7ｇで水より重いので水に沈み，ポリエチレンの１㎤あたりの重さは0.95ｇで水よりも軽いので水に浮く。　(2)水じょう気　(3)記号…イ
理由…ろうは固体になると体積が小さくなるから，同じ体積あたりの重さを比べたとき，固体のろうは液体のろうよりも重くなるから。

5 (1)右図　(2)○か，×か…×　理由…図２より，樹皮がはがされた面積は冬より夏に多い。また，図３より，シカのフンの内容物に含まれる樹皮の割合は11月や２月より９月に多い。これらのことからシカは樹皮を冬より夏に多くはぎ，食べていることがわかるから。　(3)なぜシカは栄養が多く消化しやすい食料がある夏に樹皮をはぎ，食べるのだろうか。

横の断面
D

たての断面
E

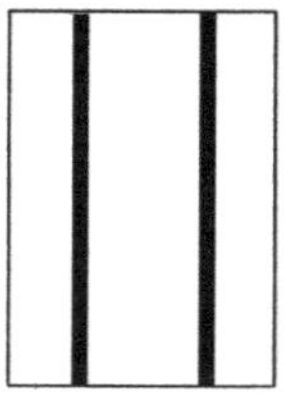

《解　説》

1 (1)　300と1485の最大公約数を探す。最大公約数を求めるときは，右の筆算のように割り切れる数で次々に割っていき，割った数をすべてかけあわせればよい。よって，300と1485の最大公約数は，３×５＝15である。したがって，$\frac{300}{1485}=\frac{300\div 15}{1485\div 15}=\frac{20}{99}$となる。

```
3 ) 300 1485
5 ) 100  495
     20   99
```

(2)　$\frac{2019}{9999}$を小数で表すと，2019÷9999＝0.2019201920…だから，小数第10位を四捨五入して，0.201920192となる。

(3)　(2)の解説より，$\frac{2019}{9999}$を小数で表すと，小数第１位から，２，０，１，９の４つの数字がくり返される。50÷４＝12余り２より，解答例のような理由で，ウに入る数が０だとわかる。

(4)　２＋０＋１＋９＝12であり，小数第１位から50位までは２，０，１，９の４つの数字が12回くり返され，その後２，０と並ぶから，求める数は，12×12＋２＋０＝146である。

2 (1)　１分間あたりの仕事の量は，アが$1\div 45=\frac{1}{45}$，イが$1\div 30=\frac{1}{30}$である。

(2)　仕事の量を１とするという指定があるときは解答例のように解くが，そのような指定がない場合は次のよう

に解いてもよい。仕事の量を45と30の最小公倍数である90とする。1分間あたりの仕事の量は，アが90÷45＝2，イが90÷30＝3である。アとイの1分間あたりの仕事の量の和は2＋3＝5なので，求める時間は，90÷5＝18(分間)である。

(3) (2)と同様に考える。アの18分間あたりの仕事の量は2×18＝36なので，残りの仕事の量は90－36＝54である。これをイだけを使って仕事をすると54÷3＝18(分間)で終わるので，求める時間は18＋18＝36(分間)である。

3 解答例以外にも，次のような解き方がある。三角形ＥＦＨ，三角形ＦＧＥはそれぞれ，ＥＦ＝ＥＨ，ＦＧ＝ＦＥの直角二等辺三角形である。よって，角ＥＦＨ＝角ＦＥＧ＝(180－90)÷2＝45(度)である。求める面積は，半径が2㎝，中心角が180－45＝135(度)のおうぎ形の面積2つ分だから，$2\times2\times3.14\times\frac{135}{360}\times2=3\times3.14=$9.42(㎠)である。

4 (1) 資料より，アルミニウムは1㎠あたりの重さが2.7g，ポリエチレンは0.95gとわかる。1㎠あたりの重さが水の1㎠あたりの重さである1gより大きければ水に沈み，小さければ水に浮く。

(3) 問題文に，液体のろうが冷えて固体になると体積が小さくなるとある。つまり，液体のろうが固体になると1㎠あたりの重さが重くなるということだから，液体のろうの中に固体のろうを入れると沈む。

5 (1) 根から吸い上げた水は，くきの水の通り道を通って葉に送られる。この水の通り道を道管という。ホウセンカのような双子葉類《そうしようるい》の植物のくきの横の断面Ｄでは，道管や葉で作られた栄養分が通る管(師管という)が集まって束《たば》になっている部分(維管束《いかんそく》という)が輪のような形に分布している。道管は維管束の内側にあるので解答例の図のような部分が赤く染まる。また，くきのたての断面Ｅでは，横の断面Ｄで輪のような形に分布している道管が，たてに2本，くきと平行に赤く染まる。

(2) 図2と図3より，シカが樹皮をはぐことが最も多い季節は冬ではないことがわかる。

■ ご使用にあたってのお願い・ご注意

（1）問題文等の非掲載

著作権上の都合により，問題文や図表などの一部を掲載できない場合があります。

誠に申し訳ございませんが，ご了承くださいますようお願いいたします。

（2）過去問における時事性

過去問題集は，学習指導要領の改訂や社会状況の変化，新たな発見などにより，現在とは異なる表記や解説になっている場合があります。過去問の特性上，出題当時のままで出版していますので，あらかじめご了承ください。

（3）配点

学校等から配点が公表されている場合は，記載しています。公表されていない場合は，記載していません。

独自の予想配点は，出題者の意図と異なる場合があり，お客様が学習するうえで誤った判断をしてしまう恐れがあるため記載していません。

（4）無断複製等の禁止

購入された個人のお客様が，ご家庭でご自身またはご家族の学習のためにコピーをすることは可能ですが，それ以外の目的でコピー，スキャン，転載（ブログ，ＳＮＳなどでの公開を含みます）などをすることは法律により禁止されています。学校や学習塾などで，児童生徒のためにコピーをして使用することも法律により禁止されています。

ご不明な点や，違法な疑いのある行為を確認された場合は，弊社までご連絡ください。

（5）けがに注意

この問題集は針を外して使用します。針を外すときは，けがをしないように注意してください。また，表紙カバーや問題用紙の端で手指を傷つけないように十分注意してください。

（6）正誤

制作には万全を期しておりますが，万が一誤りなどがございましたら，弊社までご連絡ください。

なお，誤りが判明した場合は，弊社ウェブサイトの「ご購入者様のページ」に掲載しておりますので，そちらもご確認ください。

■ お問い合わせ

解答例，解説，印刷，製本など，問題集発行におけるすべての責任は弊社にあります。

ご不明な点がございましたら，弊社ウェブサイトの「お問い合わせ」フォームよりご連絡ください。迅速に対応いたしますが，営業日の都合で回答に数日を要する場合があります。

ご入力いただいたメールアドレス宛に自動返信メールをお送りしています。自動返信メールが届かない場合は，「よくある質問」の「メールの問い合わせに対し返信がありません。」の項目をご確認ください。

また弊社営業日（平日）は，午前９時から午後５時まで，電話でのお問い合わせも受け付けています。

2025春

株式会社教英出版

〒422-8054　静岡県静岡市駿河区南安倍３丁目12-28

TEL　054-288-2131　　FAX　054-288-2133

URL　https://kyoei-syuppan.net/

MAIL siteform@kyoei-syuppan.net

教英出版の中学受験対策

中学受験面接の基本がここに！
知っておくべき面接試問の要領

面接試験に，落ち着いて自信をもってのぞむためには，あらかじめ十分な準備をしておく必要があります。面接の心得や，受験生と保護者それぞれへの試問例など，面接対策に必要な知識を１冊にまとめました。

- 面接の形式や評価のポイント，マナー，当日までの準備など，面接の基本をていねいに指南「面接はこわくない！」
- 書き込み式なので，質問例に対する自分の答えを整理して本番直前まで使える
- ウェブサイトで質問音声による面接のシミュレーションができる

定価：770円(本体700円+税)

入試テクニックシリーズ

必修編

基本をおさえて実力アップ！
1冊で入試の全範囲を学べる！
基礎力養成に最適！

こんな受験生には必修編がおすすめ！

- 入試レベルの問題を解きたい
- 学校の勉強とのちがいを知りたい
- 入試問題を解く基礎力を固めたい

定価：1,100円(本体1,000+税)

発展編

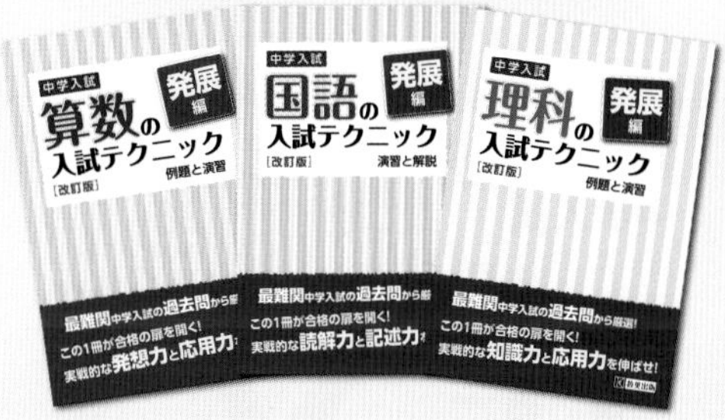

応用力強化で合格をつかむ！
有名私立中の問題で
最適な解き方を学べる！

こんな受験生には発展編がおすすめ！

- もっと難しい問題を解きたい
- 難関中学校をめざしている
- 子どもに難問の解法を教えたい

定価：1,760円(本体1,600+税)

絶賛販売中！

詳しくは教英出版で検索

教英出版 検索

URL https://kyoei-syuppan.net/

教英出版の親子で取りくむシリーズ

公立中高一貫校とは？適性検査とは？受検を考えはじめた親子のための最初の１冊！

「概要編」では公立中高一貫校の仕組みや適性検査の特徴をわかりやすく説明し，「例題編」では実際の適性検査の中から，よく出題されるパターンの問題を厳選して紹介しています。実際の問題紙面も掲載しているので受検を身近に感じることができます。

- 公立中高一貫校を知ろう！
- 適性検査を知ろう！
- 教科的な問題〈適性検査ってこんな感じ〉
- 実技的な問題〈さらにはこんな問題も！〉
- おさえておきたいキーワード

定価：1,078円(本体980+税)

適性検査の作文問題にも対応！「書けない」を「書けた！」に導く合格レッスン

「実力養成レッスン」では，作文の技術や素材の見つけ方，書き方や教え方を対話形式でわかりやすく解説。実際の入試作文をもとに，とり外して使える解答用紙に書き込んでレッスンをします。赤ペンの添削例や，「添削チェックシート」を参考にすれば，お子さんが書いた作文をていねいに添削することができます。

- レッスン１ 作文の基本と，書くための準備
- レッスン２ さまざまなテーマの入試作文
- レッスン３ 長文の内容をふまえて書く入試作文
- 実力だめし！入試作文
- 別冊「添削チェックシート・解答用紙」付き

定価：1,155円(本体1,050+税)

絶賛販売中！

詳しくは教英出版で検索

教英出版 検索

URL https://kyoei-syuppan.net/

教英出版　2025年春受験用　中学入試問題集

学校別問題集

✿はカラー問題対応

北海道

①[市立]札幌開成中等教育学校
②藤女子中学校
③北嶺中学校
④北星学園女子中学校
⑤札幌大谷中学校
⑥札幌光星中学校
⑦立命館慶祥中学校
⑧函館ラ・サール中学校

青森県

①[県立]三本木高等学校附属中学校

岩手県

①[県立]一関第一高等学校附属中学校

宮城県

①[県立]宮城県古川黎明中学校
②[県立]宮城県仙台二華中学校
③[市立]仙台青陵中等教育学校
④東北学院中学校
⑤仙台白百合学園中学校
⑥聖ウルスラ学院英智中学校
⑦宮城学院中学校
⑧秀光中学校
⑨古川学園中学校

秋田県

①[県立]
大館国際情報学院中学校
秋田南高等学校中等部
横手清陵学院中学校

山形県

①[県立]
東桜学館中学校
致道館中学校

福島県

①[県立]
会津学鳳中学校
ふたば未来学園中学校

茨城県

①[県立]
日立第一高等学校附属中学校
太田第一高等学校附属中学校
水戸第一高等学校附属中学校
鉾田第一高等学校附属中学校
鹿島高等学校附属中学校
土浦第一高等学校附属中学校
竜ヶ崎第一高等学校附属中学校
下館第一高等学校附属中学校
下妻第一高等学校附属中学校
水海道第一高等学校附属中学校
勝田中等教育学校
並木中等教育学校
古河中等教育学校

栃木県

①[県立]
宇都宮東高等学校附属中学校
佐野高等学校附属中学校
矢板東高等学校附属中学校

群馬県

①
[県立]中央中等教育学校
[市立]四ツ葉学園中等教育学校
[市立]太田中学校

埼玉県

①[県立]伊奈学園中学校
②[市立]浦和中学校
③[市立]大宮国際中等教育学校
④[市立]川口市立高等学校附属中学校

千葉県

①[県立]
千葉中学校
東葛飾中学校
②[市立]稲毛国際中等教育学校

東京都

①[国立]筑波大学附属駒場中学校
②[都立]白鷗高等学校附属中学校
③[都立]桜修館中等教育学校
④[都立]小石川中等教育学校
⑤[都立]両国高等学校附属中学校
⑥[都立]立川国際中等教育学校
⑦[都立]武蔵高等学校附属中学校
⑧[都立]大泉高等学校附属中学校
⑨[都立]富士高等学校附属中学校
⑩[都立]三鷹中等教育学校
⑪[都立]南多摩中等教育学校
⑫[区立]九段中等教育学校
⑬開成中学校
⑭麻布中学校
⑮桜蔭中学校
⑯女子学院中学校
✿⑰豊島岡女子学園中学校
⑱東京都市大学等々力中学校
⑲世田谷学園中学校
✿⑳広尾学園中学校(第2回)
✿㉑広尾学園中学校(医進・サイエンス回)
㉒渋谷教育学園渋谷中学校(第1回)
㉓渋谷教育学園渋谷中学校(第2回)
㉔東京農業大学第一高等学校中等部(2月1日 午後)
㉕東京農業大学第一高等学校中等部(2月2日 午後)

神奈川県

①[県立]
- 相模原中等教育学校
- 平塚中等教育学校

②[市立]南高等学校附属中学校
③[市立]横浜サイエンスフロンティア高等学校附属中学校
④[市立]川崎高等学校附属中学校
✿⑤聖光学院中学校
✿⑥浅野中学校
⑦洗足学園中学校
⑧法政大学第二中学校
⑨逗子開成中学校（1次）
⑩逗子開成中学校（2·3次）
⑪神奈川大学附属中学校（第1回）
⑫神奈川大学附属中学校（第2·3回）
⑬栄光学園中学校
⑭フェリス女学院中学校

新潟県

①[県立]
- 村上中等教育学校
- 柏崎翔洋中等教育学校
- 燕中等教育学校
- 津南中等教育学校
- 直江津中等教育学校
- 佐渡中等教育学校

②[市立]高志中等教育学校
③新潟第一中学校
④新潟明訓中学校

石川県

①[県立]金沢錦丘中学校
②星稜中学校

福井県

①[県立]高志中学校

山梨県

①山梨英和中学校
②山梨学院中学校
③駿台甲府中学校

長野県

①[県立]
- 屋代高等学校附属中学校
- 諏訪清陵高等学校附属中学校

②[市立]長野中学校

岐阜県

①岐阜東中学校
②鶯谷中学校
③岐阜聖徳学園大学附属中学校

静岡県

①[国立]静岡大学教育学部附属中学校（静岡·島田·浜松）
②
- [県立]清水南高等学校中等部
- [県立]浜松西高等学校中等部
- [市立]沼津高等学校中等部

③不二聖心女子学院中学校
④日本大学三島中学校
⑤加藤学園暁秀中学校
⑥星陵中学校
⑦東海大学付属静岡翔洋高等学校中等部
⑧静岡サレジオ中学校
⑨静岡英和女学院中学校
⑩静岡雙葉中学校
⑪静岡聖光学院中学校
⑫静岡学園中学校
⑬静岡大成中学校
⑭城南静岡中学校
⑮静岡北中学校
⑯
- 常葉大学附属常葉中学校
- 常葉大学附属橘中学校
- 常葉大学附属菊川中学校

⑰藤枝明誠中学校
⑱浜松開誠館中学校
⑲静岡県西遠女子学園中学校
⑳浜松日体中学校
㉑浜松学芸中学校

愛知県

①[国立]愛知教育大学附属名古屋中学校
②愛知淑徳中学校
③
- 名古屋経済大学市邨中学校
- 名古屋経済大学高蔵中学校

④金城学院中学校
⑤椙山女学園中学校
⑥東海中学校
⑦南山中学校男子部
⑧南山中学校女子部
⑨聖霊中学校
⑩滝中学校
⑪名古屋中学校
⑫大成中学校
⑬愛知中学校
⑭星城中学校
⑮名古屋葵大学中学校
（名古屋女子大学中学校）
⑯愛知工業大学名電中学校
⑰海陽中等教育学校（特別給費生）
⑱海陽中等教育学校（I·II）
⑲中部大学春日丘中学校
新刊⑳名古屋国際中学校

三重県

①[国立]三重大学教育学部附属中学校
②暁中学校
③海星中学校
④四日市メリノール学院中学校
⑤高田中学校
⑥セントヨゼフ女子学園中学校
⑦三重中学校
⑧皇學館中学校
⑨鈴鹿中等教育学校
⑩津田学園中学校

滋賀県

①[国立]滋賀大学教育学部附属中学校
②[県立]
- 河瀬中学校
- 守山中学校
- 水口東中学校

京都府

①[国立]京都教育大学附属桃山中学校
②[府立]洛北高等学校附属中学校
③[府立]園部高等学校附属中学校
④[府立]福知山高等学校附属中学校
⑤[府立]南陽高等学校附属中学校
⑥[市立]西京高等学校附属中学校
⑦同志社中学校
⑧洛星中学校
⑨洛南高等学校附属中学校
⑩立命館中学校
⑪同志社国際中学校
⑫同志社女子中学校（前期日程）
⑬同志社女子中学校（後期日程）

大阪府

①[国立]大阪教育大学附属天王寺中学校
②[国立]大阪教育大学附属平野中学校
③[国立]大阪教育大学附属池田中学校

④[府立]富田林中学校
⑤[府立]咲くやこの花中学校
⑥[府立]水都国際中学校
⑦清風中学校
⑧高槻中学校（A日程）
⑨高槻中学校（B日程）
⑩明星中学校
⑪大阪女学院中学校
⑫大谷中学校
⑬四天王寺中学校
⑭帝塚山学院中学校
⑮大阪国際中学校
⑯大阪桐蔭中学校
⑰開明中学校
⑱関西大学第一中学校
⑲近畿大学附属中学校
⑳金蘭千里中学校
㉑金光八尾中学校
㉒清風南海中学校
㉓帝塚山学院泉ヶ丘中学校
㉔同志社香里中学校
㉕初芝立命館中学校
㉖関西大学中等部
㉗大阪星光学院中学校

兵庫県

①[国立]神戸大学附属中等教育学校
②[県立]兵庫県立大学附属中学校
③雲雀丘学園中学校
④関西学院中学部
⑤神戸女学院中学部
⑥甲陽学院中学校
⑦甲南中学校
⑧甲南女子中学校
⑨灘中学校
⑩親和中学校
⑪神戸海星女子学院中学校
⑫滝川中学校
⑬啓明学院中学校
⑭三田学園中学校
⑮淳心学院中学校
⑯仁川学院中学校
⑰六甲学院中学校
⑱須磨学園中学校(第1回入試)
⑲須磨学園中学校(第2回入試)
⑳須磨学園中学校(第3回入試)
㉑白陵中学校
㉒夙川中学校

奈良県

①[国立]奈良女子大学附属中等教育学校
②[国立]奈良教育大学附属中学校
③[県立]
- 国際中学校
- 青翔中学校

④[市立]一条高等学校附属中学校
⑤帝塚山中学校
⑥東大寺学園中学校
⑦奈良学園中学校
⑧西大和学園中学校

和歌山県

①[県立]
- 古佐田丘中学校
- 向陽中学校
- 桐蔭中学校
- 日高高等学校附属中学校
- 田辺中学校

②智辯学園和歌山中学校
③近畿大学附属和歌山中学校
④開智中学校

岡山県

①[県立]岡山操山中学校
②[県立]倉敷天城中学校
③[県立]岡山大安寺中等教育学校
④[県立]津山中学校
⑤岡山中学校
⑥清心中学校
⑦岡山白陵中学校
⑧金光学園中学校
⑨就実中学校
⑩岡山理科大学附属中学校
⑪山陽学園中学校

広島県

①[国立]広島大学附属中学校
②[国立]広島大学附属福山中学校
③[県立]広島中学校
④[県立]三次中学校
⑤[県立]広島叡智学園中学校
⑥[市立]広島中等教育学校
⑦[市立]福山中学校
⑧広島学院中学校
⑨広島女学院中学校
⑩修道中学校
⑪崇徳中学校
⑫比治山女子中学校
⑬福山暁の星女子中学校
⑭安田女子中学校
⑮広島なぎさ中学校
⑯広島城北中学校
⑰近畿大学附属広島中学校福山校
⑱盈進中学校
⑲如水館中学校
⑳ノートルダム清心中学校
㉑銀河学院中学校
㉒近畿大学附属広島中学校東広島校
㉓AICJ中学校
㉔広島国際学院中学校
㉕広島修道大学ひろしま協創中学校

山口県

①[県立]
- 下関中等教育学校
- 高森みどり中学校

②野田学園中学校

徳島県

①[県立]
- 富岡東中学校
- 川島中学校
- 城ノ内中等教育学校

②徳島文理中学校

香川県

①大手前丸亀中学校
②香川誠陵中学校

愛媛県

①[県立]
- 今治東中等教育学校
- 松山西中等教育学校

②愛光中学校
③済美平成中等教育学校
④新田青雲中等教育学校

高知県

①[県立]
- 安芸中学校
- 高知国際中学校
- 中村中学校

福岡県

①［国立］福岡教育大学附属中学校（福岡·小倉·久留米）
②［県立］
- 育徳館中学校
- 門司学園中学校
- 宗像中学校
- 嘉穂高等学校附属中学校
- 輝翔館中等教育学校

③西南学院中学校
④上智福岡中学校
⑤福岡女学院中学校
⑥福岡雙葉中学校
⑦照曜館中学校
⑧筑紫女学園中学校
⑨敬愛中学校
⑩久留米大学附設中学校
⑪飯塚日新館中学校
⑫明治学園中学校
⑬小倉日新館中学校
⑭久留米信愛中学校
⑮中村学園女子中学校
⑯福岡大学附属大濠中学校
⑰筑陽学園中学校
⑱九州国際大学付属中学校
⑲博多女子中学校
⑳東福岡自彊館中学校
㉑八女学院中学校

佐賀県

①［県立］
- 香楠中学校
- 致遠館中学校
- 唐津東中学校
- 武雄青陵中学校

②弘学館中学校
③東明館中学校
④佐賀清和中学校
⑤成穎中学校
⑥早稲田佐賀中学校

長崎県

①［県立］
- 長崎東中学校
- 佐世保北中学校
- 諫早高等学校附属中学校

②青雲中学校
③長崎南山中学校
④長崎日本大学中学校
⑤海星中学校

熊本県

①［県立］
- 玉名高等学校附属中学校
- 宇土中学校
- 八代中学校

②真和中学校
③九州学院中学校
④ルーテル学院中学校
⑤熊本信愛女学院中学校
⑥熊本マリスト学園中学校
⑦熊本学園大学付属中学校

大分県

①［県立］大分豊府中学校
②岩田中学校

宮崎県

①［県立］五ヶ瀬中等教育学校
②［県立］
- 宮崎西高等学校附属中学校
- 都城泉ヶ丘高等学校附属中学校

③宮崎日本大学中学校
④日向学院中学校
⑤宮崎第一中学校

鹿児島県

①［県立］楠隼中学校
②［市立］鹿児島玉龍中学校
③鹿児島修学館中学校
④ラ・サール中学校
⑤志學館中等部

沖縄県

①［県立］
- 与勝緑が丘中学校
- 開邦中学校
- 球陽中学校
- 名護高等学校附属桜中学校

もっと過去問シリーズ

北海道

北嶺中学校
7年分（算数・理科・社会）

静岡県

静岡大学教育学部附属中学校
（静岡·島田·浜松）
10年分（算数）

愛知県

愛知淑徳中学校
7年分（算数・理科・社会）
東海中学校
7年分（算数・理科・社会）
南山中学校男子部
7年分（算数・理科・社会）
南山中学校女子部
7年分（算数・理科・社会）
滝中学校
7年分（算数・理科・社会）
名古屋中学校
7年分（算数・理科・社会）

岡山県

岡山白陵中学校
7年分（算数・理科）

広島県

広島大学附属中学校
7年分（算数・理科・社会）
広島大学附属福山中学校
7年分（算数・理科・社会）
広島学院中学校
7年分（算数・理科・社会）
広島女学院中学校
7年分（算数・理科・社会）
修道中学校
7年分（算数・理科・社会）
ノートルダム清心中学校
7年分（算数・理科・社会）

愛媛県

愛光中学校
7年分（算数・理科・社会）

福岡県

福岡教育大学附属中学校
（福岡·小倉·久留米）
7年分（算数・理科・社会）
西南学院中学校
7年分（算数・理科・社会）
久留米大学附設中学校
7年分（算数・理科・社会）
福岡大学附属大濠中学校
7年分（算数・理科・社会）

佐賀県

早稲田佐賀中学校
7年分（算数・理科・社会）

長崎県

青雲中学校
7年分（算数・理科・社会）

鹿児島県

ラ·サール中学校
7年分（算数・理科・社会）

※もっと過去問シリーズは
国語の収録はありません。

教英出版
〒422-8054
静岡県静岡市駿河区南安倍3丁目12−28
TEL 054-288-2131
FAX 054-288-2133
詳しくは教英出版で検索
教英出版 検索
URL https://kyoei-syuppan.net/

令和６年度

奈良県立青翔中学校入学者選抜検査問題

適性検査 I

（40分）

注　意

１　指示があるまで開いてはいけません。 ２　解答用紙は、２枚あります。それぞれに、受検番号を忘れないように書きなさい。 ３　解答用紙の※印のところには、何も書いてはいけません。 ４　答えは必ず解答用紙に書きなさい。

受検番号	

令和6年度　奈良県立青翔中学校入学者選抜検査

適性検査Ⅰ　解答用紙

（一枚目）

問題番号	一						
	(一)		(二)		(三)	(四)	(五)
答え	八戸	休屋	時代	記号			
			時代			↓ ↓	
採点							

一
(一) 7点×2
(二) 7点×2
(三) 7点
(四) 8点
(五) 7点

小計
※

※100点満点

※

合計
※

受検番号

令和6年度　奈良県立青翔中学校入学者選抜検査

適性検査Ⅰ　解答用紙

（二枚目）

※

問題番号	三								
	(一)	(二)	(三)	(四)		(五)		(六)	
				Ⅰ	Ⅱ	Ⅲ	Ⅳ		
答え								180字　160字	
採点									

三
(一) 4点
(二) 4点
(三) 6点
(四) 4点×2
(五) 4点×2
(六) 20点

小　計
※

一

翔《しょう》太《た》さんとメアリーさんのクラスでは、修学旅行で訪《おとず》れる予定の青森県について学習を進めています。各問いに答えなさい。

(一) 二人は、青森県の3地点の日照時間について調べました。資料1中のア～ウは、資料2中の「弘前」「八戸」「休屋」のいずれかの月毎《ごと》の日照時間を示しています。また、□内は、資料1および2を読み取り、作成したメモです。資料とメモを参考にして、「八戸」と「休屋」の日照時間を示したものとして正しいものを、資料1中のア～ウから一つずつ選び、記号で答えなさい。

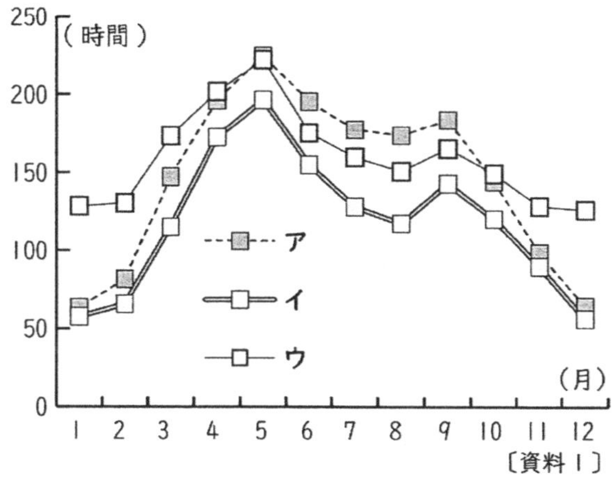

〔資料1〕

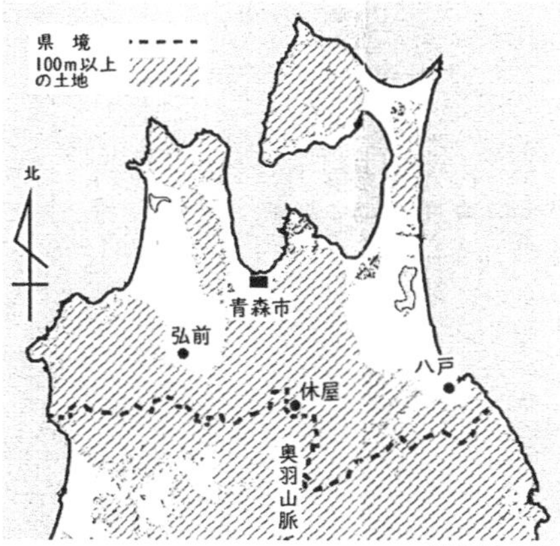

〔資料2〕

> 一、県東部に位置し、海に面している「八戸」は、冬の間、内陸に位置する他の2地点よりも月間の日照時間が長い。
>
> 二、「八戸」以外の2地点のうち、奥羽山脈に位置する「休屋」の方が月間の日照時間が短い。

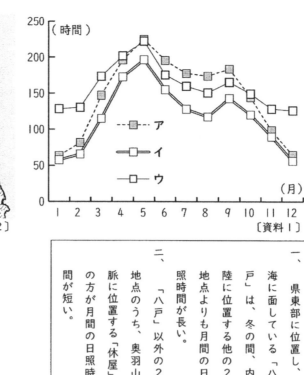

(二) 青森市には、三内丸山遺跡《いせき》があります。この遺跡は何時代のものですか。その名称《めいしょう》を答えなさい。また、その時代の特徴《とくちょう》を述べた文として最も適切なものを、次のア～オから一つ選び、記号で答えなさい。

ア 食べ物を煮《に》たきしたり、たくわえたりするための土器をつくりはじめた時代。

イ 中国や朝鮮《ちょうせん》半島から移り住んだ人々によって米作りが伝わり、人々の食生活は米が中心となった時代。

ウ 米作りに適した土地や水、たくわえた米などをめぐり、むらどうしで争いがおこるようになった時代。

エ 各地の王を大王の政府の役人とする政治のしくみが整えられた時代。

オ 仏教の力で社会の不安をしずめて国を治めようとした時代。

(三) 二人は、青森県の湖のおおよその面積を求めてみることにしました。資料3は湖の略図に方眼紙を重ねたものです。資料3中の「○」は1か所で1㎢として、「△」は2か所で1㎢として計算した場合、湖の面積として、最も適切なものを次のア～ケから一つ選び、記号で答えなさい。

ア 22㎢　**イ** 44㎢　**ウ** 63㎢

エ 88㎢　**オ** 100㎢　**カ** 121㎢

キ 220㎢　**ク** 440㎢　**ケ** 630㎢

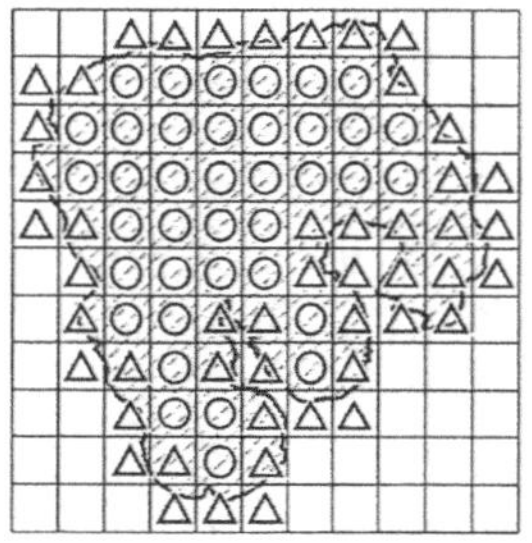

〔資料3〕

(四) 二人は青森駅周辺の変化について調べ、資料4とア～ウの略地図を作成しました。資料4を参考にして、ア～ウの略地図を、古い順に並べかえて、記号で答えなさい。

> 青森市中心部を取り囲むように線路が引かれ、中心部西方に青森駅が建設された。
>
> ←
>
> 青森駅から東へ向かう線路が、南よりに付《つ》けかえられた。
>
> ←
>
> 青森湾《あおもりわん》に沿って道路が建設され、青森駅北方で施設《しせつ》をまたぐ橋が建設された。

〔資料4〕

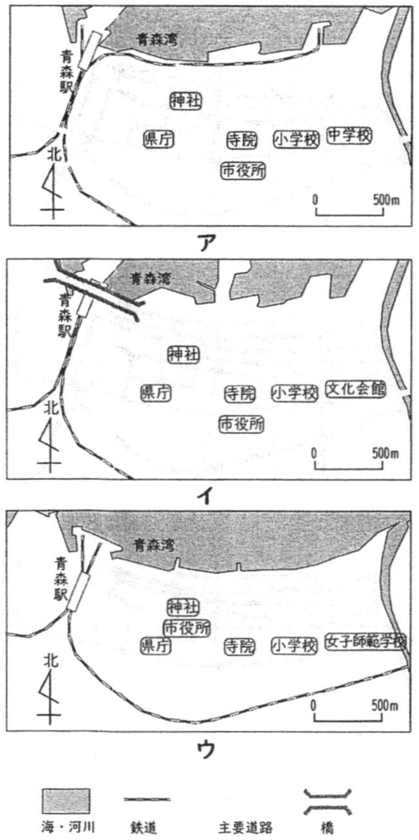

(五) 青森県の特産品であるりんごに興味をもった二人は、日本からりんごが輸出されていることを知りました。資料5は、2010～2019年における日本からアジアの国々へのりんごの輸出量を示したものです。2010～2019年におけるりんごの輸出量について、資料5から読み取れることとして正しいものを、次のア～オから一つ選び、記号で答えなさい。

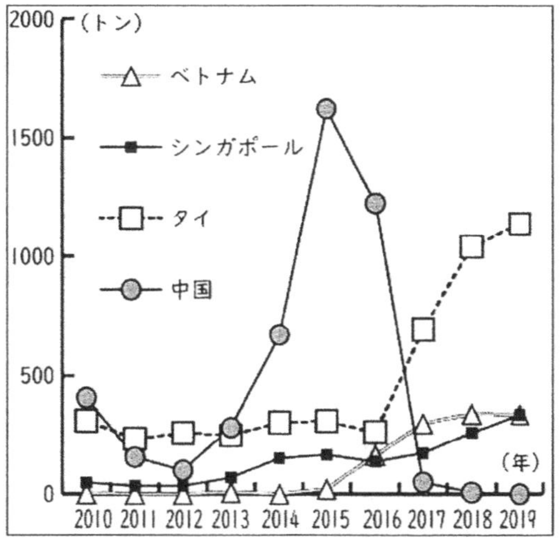

〔資料5〕

ア ベトナムへの輸出量は、常に減少し続けている。

イ 中国への輸出量は、シンガポールへの輸出量に比べて常に多い。

ウ シンガポールへの輸出量は、年1000トンを越《こ》えるまでになった。

エ 2019年におけるタイへの輸出量は、2014年と比べて5倍以上増加している。

オ 2019年における四か国への総輸出量は、2010年における四か国への総輸出量より多い。

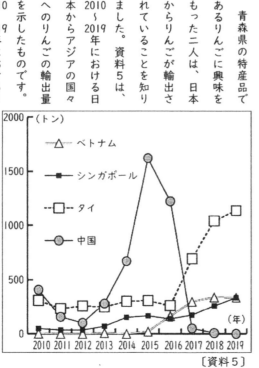

二

次の文章を読み、あとの各問いに答えなさい。

お詫び
著作権上の都合により、文章は掲載しておりません。
ご不便をおかけし、誠に申し訳ございません。
教英出版

お詫び
著作権上の都合により、文章は掲載しておりません。
ご不便をおかけし、誠に申し訳ございません。
教英出版

お詫び
著作権上の都合により、文章は掲載しておりません。
ご不便をおかけし、誠に申し訳ございません。
教英出版

（郡司芽久『キリンのひづめ、ヒトの指　比べてわかる生き物の進化』による）

（注）**進化**＝生物が長い時間をかけてその環境に適した形に変化すること。
脊椎動物＝体の中心に背骨があり、それを中心とした骨格をもつ動物。
頻繁＝しきりに行われること。しばしばであること。
雨季と乾季＝一年のうちで降水量の多い時期と少ない時期。
シフト（する）＝状態や体制などが変化すること。
個体＝独立した一個の生命体。

（一）文中の空らん［A］～［D］に入る語の組み合わせとして最も適切なものを次の**ア**～**エ**から一つ選び、記号で答えなさい。

ア	A　陸上	B　水中	C　水中	D　陸上
イ	A　陸上	B　陸上	C　陸上	D　水中
ウ	A　水中	B　陸上	C　水中	D　陸上
エ	A　水中	B　水中	C　陸上	D　水中

（二）――線部①「量」と同じ部首をもつ漢字を次の**ア**～**オ**からすべて選び、記号で答えなさい。

ア　星　　**イ**　重　　**ウ**　野　　**エ**　昼　　**オ**　易

（三）――線部②「この時代の池には、ほんのわずかな酸素しかなかった」とありますが、それはなぜですか。その理由として正しいものを次の**ア**～**エ**から二つ選び、記号で答えなさい。

ア　大陸衝突により巨大山脈が形成され、頻繁に雨が降ったから。
イ　大繁栄した原始的な魚の仲間が、次々と池に進出したから。
ウ　池や沼地は、そもそも海や川に比べて流れが少ないから。
エ　とても温暖な気候であったため、水温が高かったから。

（四）――線部③「進化の過程で少しずつかたちを変えていった」とありますが、「肺のような器官」のはたらきは、デボン紀とそれより後の時代ではどのように変わりましたか。それを説明した次の［　］内の文の空らん［Ⅰ］および［Ⅱ］に入る適切な言葉を、それぞれ文章中から五字で抜き出して答えなさい。

> ［Ⅰ］はたらきから［Ⅱ］はたらきに変わった。

（五）――線部④「進化」について、どのようにして起こると筆者は述べていますか。それを説明した次の［　］内の文の空らん［Ⅲ］および［Ⅳ］に入る適切な言葉を、それぞれ文章中から四字で抜き出して答えなさい。

> 進化は、［Ⅲ］があって起こるものではなく、［Ⅳ］の結果起こるものである。

（六）――線部⑤「たまたま肺のような器官をもっていた個体が生き残りやすかっただけだ」とありますが、このことに関して次の問いに答えなさい。

問　キリンは首が長いという特徴をもつ生き物ですが、首の長い個体はなぜ首が短い個体より「生き残りやすかった」と考えられますか。また、今後は体にどのような特徴をもつ個体が生き残っていくとあなたは考えますか。次の１、２の条件に従ってまとめなさい。

条件１　原稿《げんこう》用紙の使い方に従って、一六〇字以上一八〇字以内で、二段落構成で書きなさい。ただし、題、自分の名前は書かないこと。

条件２　第一段落には、首が長いキリンが「生き残りやすい」と考えられる理由を二つ書きなさい。第二段落には、体にどのような特徴をもつ個体が生き残ると考えるかを、理由とともに書きなさい。

令和６年度

奈良県立青翔中学校入学者選抜検査問題

適性検査２

(50分)

注　意

１　指示があるまで開いてはいけません。

２　解答用紙は、２枚あります。それぞれに、受検番号を忘れないように書きなさい。

３　解答用紙の※印のところには、何も書いてはいけません。

４　答えは必ず解答用紙に書きなさい。

受検番号	

※

合計	※

※150点満点

令和６年度

奈良県立青翔中学校入学者選抜検査

適性検査２

解　答　用　紙

（１枚目）

問題番号			答	え			採点
1	(1)	A	千の位	百の位			
		B	千の位	百の位			
		C	千の位	百の位			
	(2)	D		E			
		F					
	(3)	G		H			
	(4)			(5)			
2	(1)		cm				
	(2)						
	(3)		cm²				

小計	※

1
(1)３点×３
(2)２点×３
(3)３点×２
(4)２点
(5)４点

2
(1)６点
(2)８点
(3)８点

3
(1)４点
(2)４点
(3)①１点×６
②６点
③６点

問題番号			答	え			採点
3	(1)			(2)			
	(3)	①	A		B		
			C		D		
			E		F		
		②	回転　（　かける　・　かけない　）		記号		
		③	位置　（　左　・　中　・　右　）		記号		

受検番号	

※

小計	※

令和６年度

奈良県立青翔中学校入学者選抜検査
適性検査２

解　答　用　紙

（２枚目）

問題番号		答え	採点
4	(1)		
	(2)		
	(3)		
	(4)		
	(5)	［実験方法］	
		［結果］	

4
(1)５点
(2)７点
(3)８点
(4)８点
(5)実験方法…６点
結果…４点

5
(1)５点
(2)８点
(3)①４点×２
②８点
③８点

問題番号			答え	採点
5	(1)			
	(2)			
	(3)	①	［光の明るさ］	
			［紙の温度］	
		②		
		③		

1 翔太《しょうた》さんと花子さんが２けたのかけ算について学習をしています。【問題】と【図１】【図２】および会話文を参考にして、以下の各問いに答えなさい。

【問題】

① 33 × 37　　② 42 × 48　　③ 76 × 74

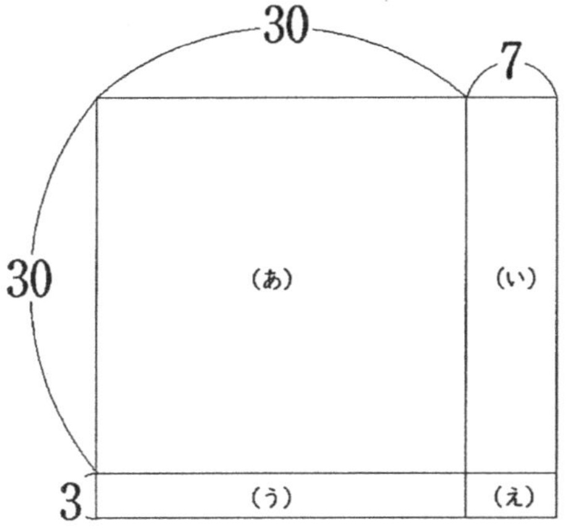

【図１】

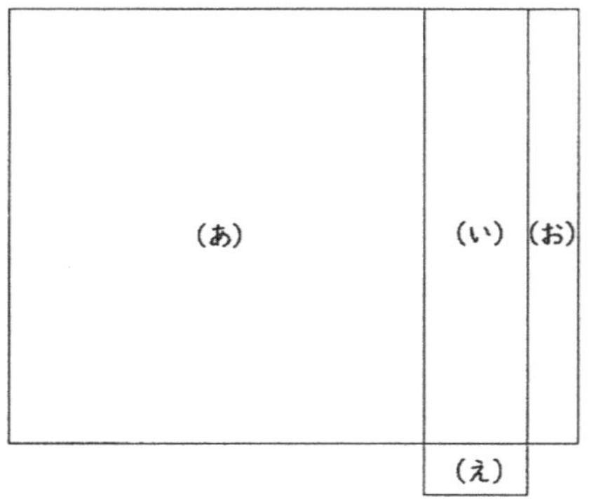

【図２】

先生　①、②、③の計算結果から何か気づくことはありますか。

翔太　計算結果の十の位と一の位の数字は、ちょうど２けたのかけ算の一の位の数字をかけたものになっています。

先生　計算結果の千の位と百の位の数字はどうなっていますか。

花子　①が[A]、②が[B]、③が[C]となっています。計算結果の千の位と百の位で２けたの数を作り、２けたのかけ算の十の位の数字で割ると、商は２けたのかけ算の十の位の数から１増えたものになっています。

先生　そうだね。だから、このような計算をするときには、２けたのかけ算の一の位の数字どうしをかけて、計算結果を十の位と一の位にかき、２けたのかけ算の十の位の数字は、１つはそのまま、もう１つの数字は１を加えてからかけ算をして、計算結果を千の位と百の位にかけばよいことになるね。この計算方法を「インド式計算法の早わざ」と呼ぶことにしよう。でも、この計算方法はどんな場合にでもできるわけではなく、次の２つの条件を満たす必要があるんだよ。

> 条件１　かけ算の一の位の２つの数字は、たすとちょうど10になっていること。
> 条件２　かけ算の十の位の数字は同じであること。

では、条件１、条件２を満たした場合にこの計算方法ができる理由を【問題】の①の計算例から考えてみよう。【図１】と【図２】に注目しよう。

【図１】より（あ）（い）（う）（え）の長方形の面積を（たての長さ）×（よこの長さ）の式で表すと（あ）の面積は30×30、（い）の面積は[D]、（う）の面積は[E]、（え）の面積は[F]となる。

（う）の[G]と、（あ）と（い）の[H]は同じなので、（う）を【図２】のように、（お）に移動することができる。このとき、（い）と（お）を合わせた長方形の横の長さは２けたのかけ算の[I]の数字をたしたものとなっている。これにより、（あ）（い）（お）を合わせた長方形の面積の式は30×40。したがって２けたのかけ算の十の位の数字は、１つはそのまま、もう１つの数字は１を加えてからかけ算をして、計算結果を千の位と百の位の数字としてかけばよいことになる。また（え）の面積は[F]なので、計算結果の十の位と一の位の数字は、かけ算の一の位の数字をかけたものになる。

花子　なるほど、よくわかりました。

(1)　[A]　[B]　[C]　に入る数字を千の位と百の位の数に分けて答えなさい。

(2)　[D]　[E]　[F]　には長方形の面積を求める式が入ります。その式を答えなさい。

(3)　[G]　[H]　に入る適切な言葉を答えなさい。

(4)　[I]　に入る適切な言葉を次の**ア**～**エ**から１つ選び、記号で答えなさい。

ア　一の位　　**イ**　十の位　　**ウ**　百の位　　**エ**　千の位

(5)　3000673×2000627 を 1000000 で割った余りを求めなさい。

2 翔太さんはケーキ屋さんに来ています。次の会話文を読んで、以下の各問いに答えなさい。

翔太　８号のホールケーキを買いに来たのですが、ホールケーキの大きさはどのようにして決まっているのですか。

店員　一番小さいものは直径12cm、高さ６cmの円柱形で４号と呼ばれています。ホールケーキの大きさは号数の単位で呼ばれています。高さは６cmのままで、１号大きくなるごとに、直径が３cm増えていくことになっています。

(1)　翔太さんが買ったホールケーキの直径を求めなさい。

(2)　ホールケーキの大きさが４号から６号になると体積は何cm³大きくなるかを、翔太さんは「円の面積の差」に着目して求めました。翔太さんがどのように考えたかを「円の面積の差」という言葉とかけ算の式を用いて説明しなさい。ただし、円周率は3.14とします。

(3)　翔太さんは次のひな祭りの時に、ひし形のケーキが欲《ほ》しいと考えています。ケーキ屋の店員さんに聞くと、底面の部分が右の【図１】のように１辺が30cmで２組の向かい合う角のうち小さい方の角が30°となるひし形の四角柱のケーキを作ることは可能であるとのことでした。ケーキの高さは６cmです。この四角柱のケーキの体積を求めなさい。

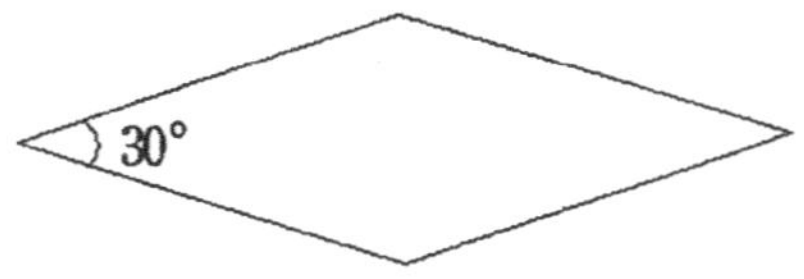

【図１】

3　翔太さんの街では、新しいボウリング場がオープンすることになっています。ただし、ボウリングはボールを投げてピンを倒《たお》し、倒れたピンの本数を競うゲームです。以下の各問いに答えなさい。

(1)　オープンにあたり、店長が貸し出し用の靴《くつ》を各サイズで何足用意すればよいかを、隣町《となりまち》のボウリング場の靴の貸し出しデータから考えています。次の【表1】は、ある日の靴の貸し出し時刻とサイズをまとめたものです。

【表1】靴の貸出データ(311足分)

時刻	10:02	10:03	10:05	10:06	…	18:12	18:13	18:15
サイズ(cm)	26.5	27.0	24.5	23.0	…	27.5	24.0	26.5

(ただし、10:06～18:12の間のデータは省略している。)

店長はこのデータを整理して、サイズの平均値、中央値、最頻値、最小値、最大値を求めました。ただし、データを大きさの順で並べたときに最も小さいものを最小値、最も大きいものを最大値といいます。ここで、一番多く用意する必要があるサイズを決めるために適切な値を**ア**～**オ**から1つ選び、記号で答えなさい。

ア　平均値　　**イ**　中央値　　**ウ**　最頻値　　**エ**　最小値　　**オ**　最大値

ボウリング大会について翔太さんと店長が話しています。次の会話文を読んで、(2)、(3)に答えなさい。

翔太　実際にオープンしたらボウリング大会をしてみたいな。
店長　じゃあ、せっかくだから12人のスコア（1試合投げ終わったときの得点）の上位4人で決勝戦をするとおもしろそうだね。
翔太　いいですね。㋐決勝戦に残るのにどれくらいのスコアをとればいいのだろう。いいスコアをとるために練習も必要ですね。
店長　㋑ボウリングは投げ方によっても結果が変わるから研究してみてもいいかもしれないよ。

(2)　下線部㋐について、翔太さんはどれくらいのスコアをとれば、決勝戦に進出できるかを考え、翔太さん以外の11人の参加者全員にアンケートで今までのスコアの平均値を答えてもらいました。次の【図1】はその結果をまとめたヒストグラム（柱状グラフ）です。【図1】から考えたときに、決勝戦に進出するために最低限必要なスコアとして、もっとも適当なものを**ア**～**エ**から1つ選び、記号で答えなさい。

ただし、【図1】の一番左の階級は90点以上100点未満を表すものとします。

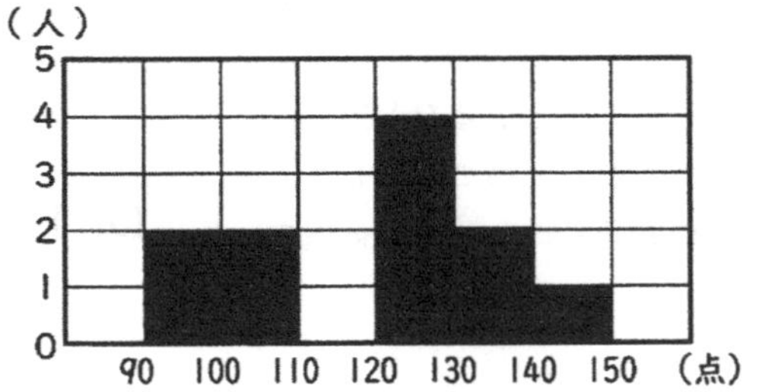

【図1】　スコアの平均値のヒストグラム

ア　120点
イ　130点
ウ　140点
エ　150点

(3)　下線部㋑について調べるために翔太さんは【表2】に、12人の投げる位置（【図2】の左・中・右）と、ボールに回転をかけるかどうか（○はかける、×はかけない）と、20回投げたときのストライク（1回投げてすべてのピンを倒すこと）の回数についてまとめました。

【表2】投げ方およびストライクの回数

名前	あ	い	う	え	お	か	き	く	け	こ	さ	し
投げる位置	右	中	中	右	左	右	中	右	中	左	中	右
回転	○	○	×	○	×	×	○	×	×	○	×	×
ストライクの回数	7	4	5	8	5	9	9	3	0	6	8	5

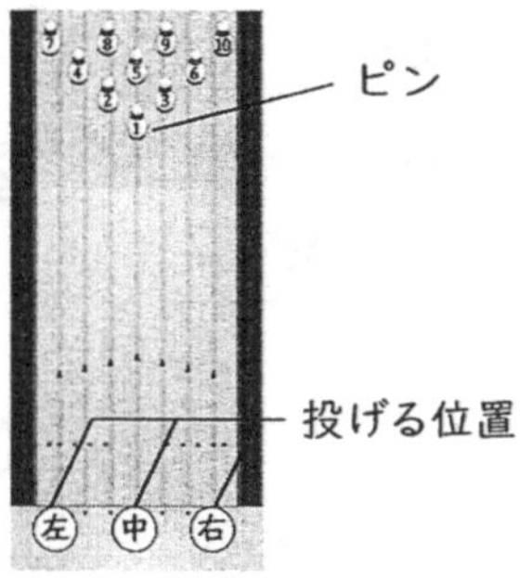

【図2】投げる位置

翔太さんはストライクをとるために最もよい投げ方について調べるために、【表2】のデータを次の【表3】にまとめました。【表3】にすでに記入されている部分は、投げる位置が右で回転をかける人数が2人で、その2人のストライクの回数の合計が15回であることと、投げる位置が右の人が5人で、その5人のストライクの回数の合計が32回であることを表しています。

①　【表3】の空らんA～Fにあてはまる数字を答えなさい。

【表3】投げ方およびストライクの回数のまとめ

<table>
<tr><td colspan="2" rowspan="3"></td><td colspan="6">回転</td></tr>
<tr><td colspan="2">かける</td><td colspan="2">かけない</td><td colspan="2">合計</td></tr>
<tr><td>人数</td><td>回数</td><td>人数</td><td>回数</td><td>人数</td><td>回数</td></tr>
<tr><td rowspan="3">投げる位置</td><td>左</td><td></td><td></td><td></td><td></td><td></td><td></td></tr>
<tr><td>中</td><td></td><td></td><td>A</td><td>B</td><td></td><td></td></tr>
<tr><td>右</td><td>2</td><td>15</td><td></td><td></td><td>5</td><td>32</td></tr>
<tr><td colspan="2">合計</td><td>C</td><td>D</td><td></td><td></td><td>E</td><td>F</td></tr>
</table>

②　【表3】から、ストライクをとるためには、回転をかける方がよいですか、それともかけない方がよいですか。また、その判断をするためには【表3】のどの部分に注目すればよいか、【表4】の**ア**～**オ**から、1つ選んで記号で答えなさい。

③　②のときに投げる位置は、左・中・右のいずれにすればよいですか。また、その判断をするためには【表3】のどの部分に注目すればよいか、【表4】の**ア**～**オ**から、1つ選んで記号で答えなさい。

【表4】【表3】の注目する部分

<table>
<tr><td colspan="2" rowspan="3"></td><td colspan="6">回転</td></tr>
<tr><td colspan="2">かける</td><td colspan="2">かけない</td><td colspan="2">合計</td></tr>
<tr><td>人数</td><td>本数</td><td>人数</td><td>本数</td><td>人数</td><td>本数</td></tr>
<tr><td rowspan="3">投げる位置</td><td>左</td><td colspan="2" rowspan="3">ア</td><td colspan="2" rowspan="3">イ</td><td colspan="2" rowspan="3">ウ</td></tr>
<tr><td>中</td></tr>
<tr><td>右</td></tr>
<tr><td colspan="2">合計</td><td colspan="4">エ</td><td colspan="2">オ</td></tr>
</table>

４　翔太さんは、ある日の理科の授業で、「葉に日光が当たると、でんぷんがつくられ、それを養分として植物は成長している」ということを学びました。そこで、葉に日光が当たると本当にでんぷんがつくられるのか確かめるために、学校で栽培《さいばい》しているインゲンマメを用いて調べることにしました。その際行った実験内容については下の□に示したとおりです。なお、この実験で使用した葉の大きさはすべて同じであったとします。以下の各問いに答えなさい。

<u>実験</u>　【図１】のように、ａ～ｃの葉に前日の夕方まで十分な日光を当て、その後それぞれの葉をアルミニウムはくで包む。当日の朝にａとｂの葉のアルミニウムはくを外し、ヨウ素液でａの葉にでんぷんがあるか調べる。また、ｂとｃの葉はそのまま日光を当て続けて、５時間後にヨウ素液でｂとｃの葉にでんぷんがあるか調べる。

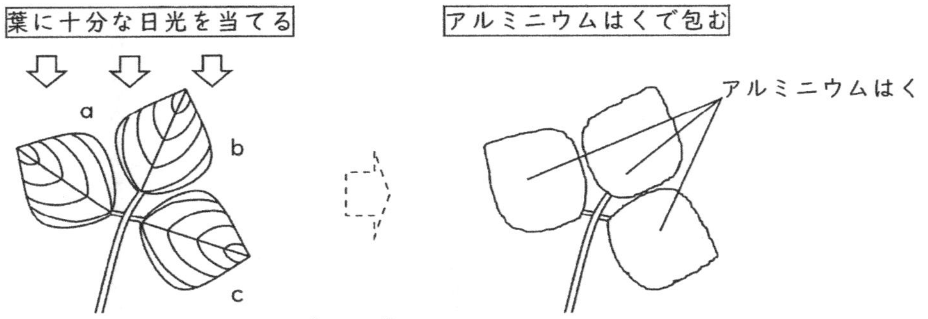

【図１】

<u>結果</u>　ａとｃにはでんぷんがなかったが、ｂにはでんぷんがあった。

(1) 調べた葉にでんぷんがあるかどうかは、ヨウ素液の色の変化によって判断することができます。どの色に変化するとでんぷんがあると判断できますか。次の**ア～エ**から１つ選び、記号で答えなさい。

ア　黄緑色
イ　赤色
ウ　青紫色
エ　白色

(2) ａ～ｃの葉にでんぷんがあるかどうかをヨウ素液で調べる際、先にエタノールに葉を入れてあたため、葉の緑色をぬく操作を行うことでヨウ素液の色の変化がわかりやすくなります。【図２】はその操作の様子を示していますが、安全上適切でない点があります。それがどのような点かを説明しなさい。なお、エタノールとはアルコールの一種です。

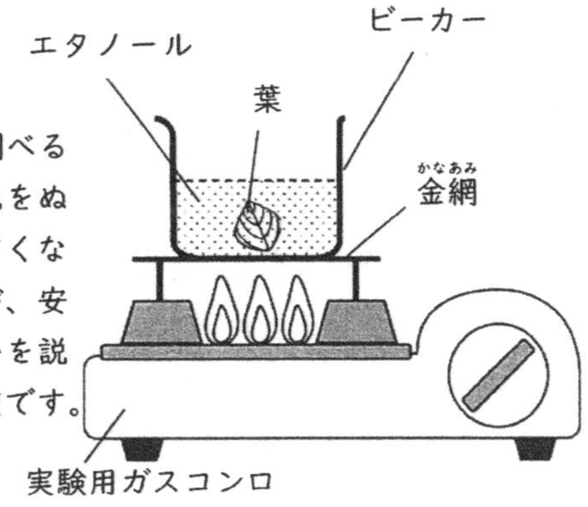

【図２】

(3) 実験で、ａの葉についてもでんぷんがあるか調べる理由を説明しなさい。

この実験の後、翔太さんは得られた結果と自分の考えを先生に報告をしに行きました。次に示された２人の会話文を読みなさい。

翔太　実験の結果から、葉に日光が当たるとでんぷんがつくられることが確認できました。
先生　良かったですね。本や参考書で知識を得ることも大切ですが、実際に実験をすることでさらに理解を深めることができます。
翔太　実験は大変でしたけれど、やってみて良かったです。
先生　このように植物が日光を受けて養分をつくり出すはたらきを「光合成」といいます。光合成を行うためには、葉に日光が当たることに加えて、［　Ａ　］ことも必要な条件です。
翔太　なるほど。一度調べてみたいと思います。

その後、翔太さんはインターネットで調べた資料をもとに、以下のような実験を行いました。

<u>実験</u>　【図３】のように、１枚のふ入りの葉を用意し、その一部をアルミニウムはくでおおった後に、十分な日光を当てる。しばらくしてから【図３】の１～４のそれぞれの部分ででんぷんがあるか調べる。なお、「ふ」とは葉の緑色がぬけて白色になっている部分のことを表している。

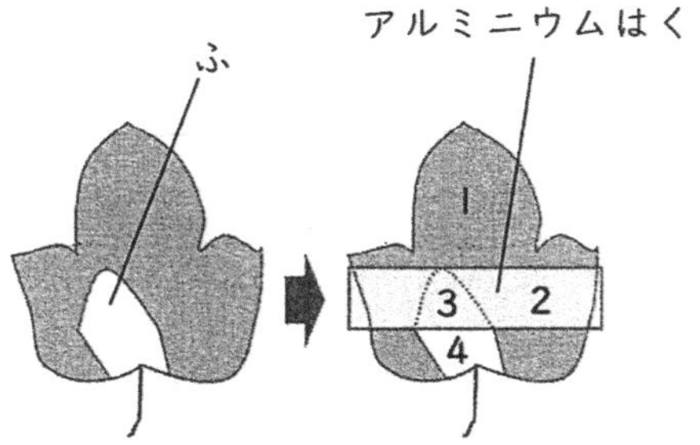

【図３】

１　葉が緑色で、日光が十分に当たる部分を示している。
２　葉が緑色で、アルミニウムはくでおおわれ日光が当たらない部分を示している。
３　葉が白色で、アルミニウムはくでおおわれ日光が当たらない部分を示している。
４　葉が白色で、日光が十分に当たる部分を示している。

<u>結果</u>　でんぷんがあった　→　１　　でんぷんがなかった　→　２、３、４

(4) 実験の結果から、［　Ａ　］に当てはまる条件を答えなさい。

(5) 植物が昼間に二酸化炭素を取り込んでいることを知った翔太さんは、光合成には二酸化炭素も必要だと予想し、オオカナダモという水草を使って確かめることにしました。どのような条件で実験を行い、結果を比較すれば光合成に二酸化炭素が使われていることを確認できますか。適切な実験方法を、「試験管」「オオカナダモの葉」「ＢＴＢ溶液」の３つの語句を<u>**必ず用いて**</u>説明しなさい。さらに、実験によって得られる結果についても記述しなさい。ただし、実験中は使用する試験管すべてに日光が当たっており、実験開始時に使用するＢＴＢ溶液の色は黄色とします。また、ＢＴＢ溶液は二酸化炭素が増えると黄色に、二酸化炭素が減ると青色に変化するものとします。

5　次の翔太さんと担任の先生の会話文を読んで、以下の各問いに答えなさい。

翔太　終わりの会で金魚鉢《きんぎょばち》を窓のそばに置いてはいけないと言っていたのはなぜですか。
先生　収斂火災《しゅうれんかさい》を知っていますか。それは、ガラス玉や、丸みのある透明《とうめい》なプラスチックなどが虫めがねのように光を集めることで起こる火災です。
翔太　以前に、虫めがねで黒い紙を焦《こ》がす実験をしたときと同じですか。
先生　そうです。虫めがねは近くにある物体を拡大して大きく見えるようにする性質の他にも、遠くにある物体の光を集める性質があり、実験では、虫めがねによって太陽の光が集められて高い温度になったので、紙を焦がしたのです。
翔太　虫めがねと物体の距離《きょり》によって性質が変わるということですか。不思議ですね。
先生　ちがう性質のようですが、実はどちらも共通して『像《ぞう》』というものが関係しています。
翔太　それはどういうことですか。
先生　虫めがねをのぞきこんで近くの昆虫を見ると、昆虫がいる側に大きく拡大された昆虫の『像』が見えます。反対に、遠くの太陽の光を集めたときの光の点は、太陽と反対側に小さく縮小された太陽の『像』が見えているということです。見え方は違いますが、二つはどちらも『像』といいます。

(1)　次のア～オは翔太さんの教室にあるものです。ア～オの中から窓のそばにおくと収斂火災の危険があると思われる物を３つ選び、記号で答えなさい。

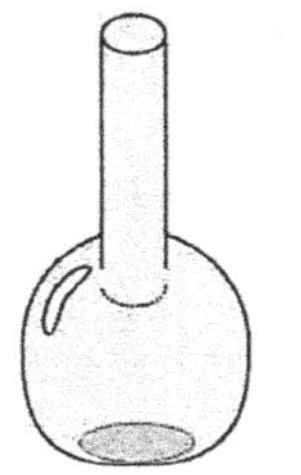	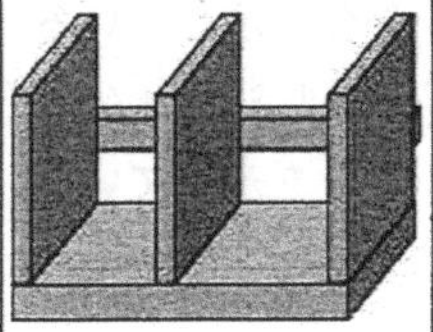	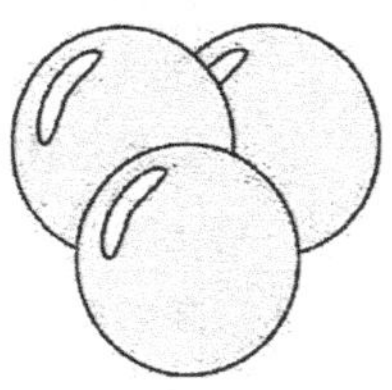	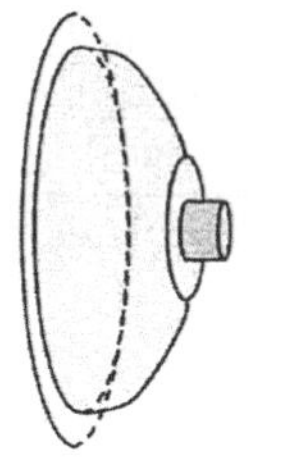	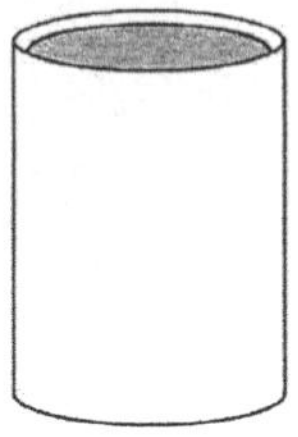
ア　ガラス製の下側が丸い透明な花瓶《かびん》	イ　木製の本棚《ほんだな》	ウ　ガラス製の透明なビー玉	エ　プラスチック製の透明な吸盤《きゅうばん》	オ　金属製のペン立て

(2)　翔太さんは収斂火災に興味をもち、インターネットで調べました。すると、農家のビニールハウスからも出火することがあることを知りました。出火したときの状況として、特に多かったのは雨が降ったあとのビニールハウスでした。【図１】は雨が降ったあとのビニールハウスの様子を横から見たものです。収斂火災が発生したのはなぜだと考えられますか。【図１】を参考にして説明しなさい。

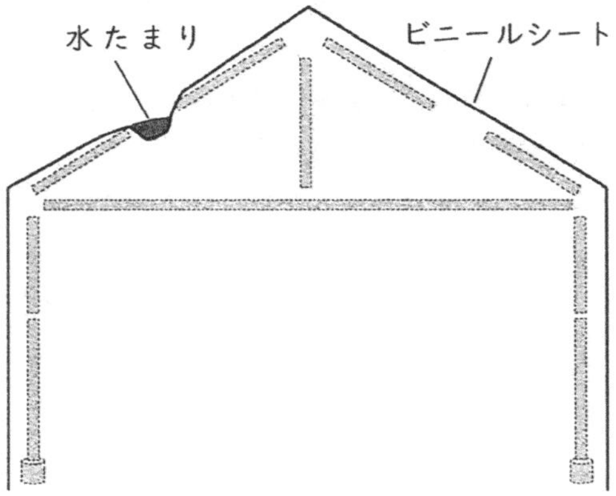

【図１】

(3)　翔太さんは虫めがねの性質を自由研究のテーマにしました。行った実験は次の２つです。実験の内容を読み、①～③の各問いに答えなさい。

実験１　虫めがねを黒い紙に近づけたところから、だんだん遠ざけた。
結果　集まった光の大きさがだんだんと小さくなり、黒い紙が焦げた。

実験２　【図２】のような装置を作り、「虫めがねとろうそくの距離」と「虫めがねと紙の距離」を変えながら、ろうそくの炎の『像』が紙にはっきりと映る場所を探し、そのときの「虫めがねとろうそくの距離」と「虫めがねと紙の距離」を記録した。また、紙にできた「ろうそくの炎の『像』の大きさ」も記録した。距離と『像』の大きさの規則性は「ろうそくの炎の『像』の大きさが元の炎の大きさの何倍か」がわかれば気づくことができるとアドバイスをもらったので、記録と一緒に表にまとめた。

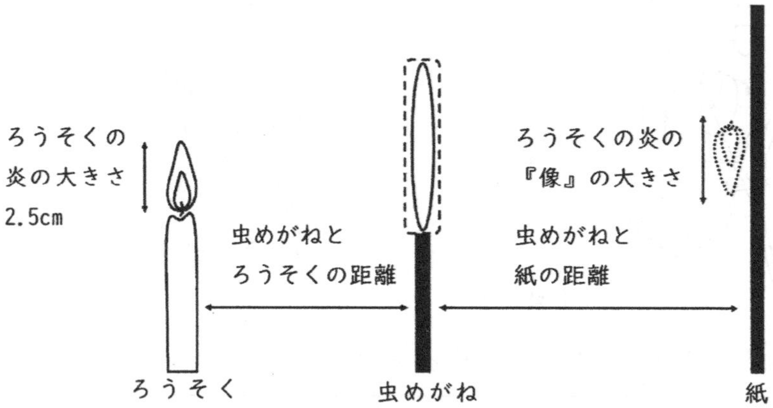

【図２】

結果

虫めがねとろうそくの距離〔cm〕	100	50	25	20	16
虫めがねと紙の距離〔cm〕	20	25	50	100	紙に『像』ができない
ろうそくの炎の『像』の大きさ〔cm〕	0.5	1.25	5	12.5	
ろうそくの炎の『像』の大きさが元の炎の大きさの何倍か〔倍〕	$\frac{1}{5}$	$\frac{1}{2}$	2	5	

①　実験１のとき、だんだん光の大きさが小さくなっていくと、光の明るさと紙の温度はどうなると考えられますか。答えなさい。

②　実験２の様子を見ていた先生から、「虫めがねとろうそくの距離」が 17cm でも『像』ができるとアドバイスがありました。しかし、『像』ができるのは「虫めがねと紙の距離」が850cmの場所になるそうです。表の結果をもとに、そのときの「ろうそくの炎の『像』の大きさ」を計算で求めなさい。

③　実験２のとき、「虫めがねとろうそくの距離」が 16cm よりも短くなると、紙に『像』ができませんでした。先生と翔太さんの会話文を参考に、「虫めがねとろうそくの距離」が 16cm よりも短いときに『像』を観察する方法を考えて、答えなさい。

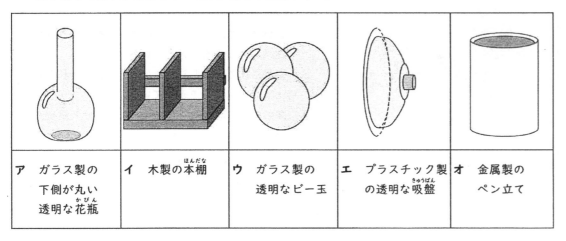

令和５年度

奈良県立国際中学校入学者選抜検査問題

適性検査Ｉ

（40分）

注　　意

１　指示があるまで開いてはいけません。 ２　解答用紙は２枚あります。それぞれに，受検番号を忘れないように書きなさい。 ３　解答用紙の※印のところには，何も書いてはいけません。 ４　答えは必ず解答用紙に書きなさい。

受検番号

令和5年度　奈良県立国際中学校入学者選抜検査

適性検査Ⅰ　解答用紙

（一枚目）

問題番号	答え			採点
一	(一)	①	み	
		②		
		③	えず	
	(二)			
	(三)	ア		
		イ		
		ウ		

(一) 2点×3
(二) 2点
(三) 4点×3
(四) 30点

※100点満点

※

合計
※

一

(四)

300字　200字

小計
※

受検番号	

※

令和５年度

奈良県立国際中学校入学者選抜検査
適性検査Ⅰ

解　答　用　紙

（２枚目）

問題番号			答え	採点
2	(1)			
	(2)			
	(3)	記号		
		理由		
	(4)			
	(5)			

小計	※

2
⑴５点
⑵５点
⑶８点
⑷６点
⑸８点
⑹解答らんⅠ…６点
解答らんⅡ…12点

問題番号			答え	採点
2	(6)	解答らんⅠ	人口が（　　　　　　　）地域の課題 20 40	
		解答らんⅡ	80 100	

一 次の文章を読み、各問いに答えなさい。

お詫び
著作権上の都合により、文章は掲載しておりません。
ご不便をおかけし、誠に申し訳ございません。
教英出版

お詫び
著作権上の都合により、文章は掲載しておりません。
ご不便をおかけし、誠に申し訳ございません。
教英出版

お詫び
著作権上の都合により、文章は掲載しておりません。
ご不便をおかけし、誠に申し訳ございません。
教英出版

（山野《やまの》弘樹《ひろき》『独学の思考法　地頭を鍛《きた》える「考える技術」』による）

（注）ショーペンハウアー＝十九世紀にかつやくしたドイツの学者
隷属＝他の支配を受けて、言いなりになること
洞察力＝物事を見ぬく力　　吟味＝検討　　顧みない＝気にしない

（一）［　］①の漢字の読みを平仮名で書き、［　］②、③の片仮名を漢字で書きなさい。

（二）――線Aが直接かかる部分はどれですか。次のア～エから一つ選び、その記号を書きなさい。

ア　「正義とは何か？」ということを　　**イ**　考えるのも
ウ　難しいと　　**エ**　思います

（三）次の**ア**～**ウ**について、この文章で筆者が述べている内容として正しいものには○、正しくないものには×を、それぞれ書きなさい。

ア　本を読むことは必要ないという意見もあるが、読書量を増やすことで思考力を身につけることができる。

イ　他人の文字をなぞらずに自分自身で文字を書くということは、知識に思考が支配されている状態を示している。

ウ　「考える力」を身につけるためには、「問い」を持ちながら読書をすることが有効である。

（四）――線Bについて、次の条件①～③に従って書きなさい。

条件①　二段落構成で書くこと。
条件②　第一段落では、「自分の足で走る」ことがなぜ重要なのかあなたの考えを書き、第二段落では、「自分の足で走る」ためにあなたはどのような生活を送りたいかを書くこと。
条件③　原こう用紙の使い方に従って、二百字以上三百字以内で書くこと。

2 ひかるさんとみらいさんの会話文を読んで，各問いに答えなさい。

> ひかる：社会で起こっていることに目を向けて，色々な人といっしょに取り組むことができる人のことをグローバル人材と呼ぶらしいよ。
> みらい：ノーベル賞を受賞した山中伸弥（やまなかしんや）さんや，国際連合でかつやくした緒方貞子（おがたさだこ）さんもグローバル人材と言えるね。A 歴史上の人物にもそのような人たちはいたのかな。
> ひかる：今も昔も，世界にはグローバルな視点で物事を考える人たちがたくさんいると思うよ。そして，その人たちが協力して，世界の国々がつながり，課題の解決に取り組んできたのではないかな。B 現在の日本と世界の国々とのつながりについて，もっと調べてみようかな。
> みらい：わたしはC 昔の日本と世界の国々とのつながりについて，興味をもったよ。

(1) みらいさんは，下線部Aについて調べ，2人の人物の業績をまとめました。（ ① ），（ ② ）に当てはまる人物の組み合わせとして正しいものを下のア～エから1つ選び，その記号を書きなさい。

> （ ① ）の業績
> アメリカでの研究の後，アフリカなどで黄熱病という伝染病の研究に取り組んだが，自分自身が黄熱病にかかりなくなった。

> （ ② ）の業績
> 7才のときに，アメリカに渡り，10年以上アメリカで教育を受け，帰国後，学校をつくるなど，女子の教育に力をつくした。

ア ① 北里柴三郎 ② 津田梅子　　イ ① 北里柴三郎 ② 与謝野晶子
ウ ① 野口英世 ② 津田梅子　　エ ① 野口英世 ② 与謝野晶子

(2) ひかるさんは，下線部Bについて調べ，資料Ⅰを見つけました。（ a ），（ b ）に当てはまる言葉の組み合わせとして正しいものを下のア～カから1つ選び，その記号を書きなさい。

資料Ⅰ　日本の主な輸入品の内訳とその割合の変化

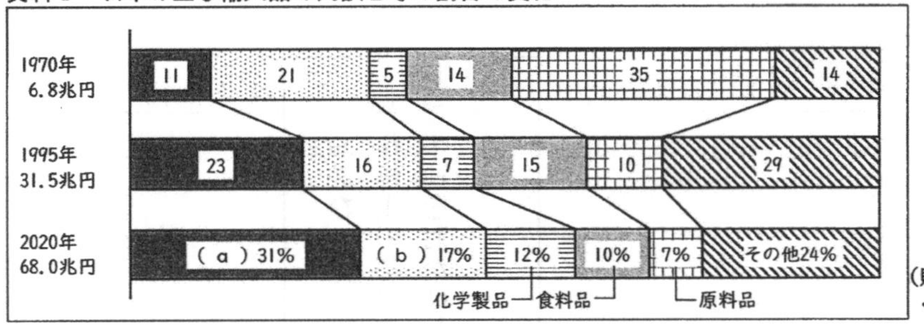

（財務省貿易統計より作成）

ア a 機械類　b せんい品　　イ a 機械類　b 原油など燃料
ウ a せんい品　b 機械類　　エ a せんい品　b 原油など燃料
オ a 原油など燃料　b 機械類　　カ a 原油など燃料　b せんい品

(3) ひかるさんは，さらに，貿易を行う際の輸送手段について調べました。日本が自動車を輸出する際に主に用いられる輸送手段は，アとイのどちらですか。アとイのどちらかの記号と，その輸送手段が用いられる理由を書きなさい。

ア

イ

(4) みらいさんは，下線部Cについて，興味をもった出来事を次のようにまとめました。（　　）内に当てはまる言葉を書きなさい。

> ＜世界と対等な関係を築くきっかけとなった出来事＞
>
> （ノルマントン号事件の風刺画（ふうしが））
>
> ・江戸時代の終わりに江戸幕府が欧米諸国（おうべいしょこく）と条約を結んだが，その内容は不平等なものであった。
>
> ↓ ノルマントン号事件
>
> ・日本にとって不当な判決であったが，条約で（　　　）を認めていたためにくつがえすことができなかった。このことをきっかけに，国内では条約改正を求める声が高まった。

(5) みらいさんは，さらに，第二次世界大戦後に日本が国際社会に復帰し，オリンピック・パラリンピックをアジアで初めて開催（かいさい）したことについて調べました。この大会では，資料Ⅱのように競技種目等を絵で表現するピクトグラムが使用されました。みらいさんは，電車内でも資料Ⅲを見つけ，さまざまな場所でピクトグラムが使用されていることに気づきました。これらを使用することの良い点について書きなさい。

資料Ⅱ　1964年の東京オリンピックで使用されたピクトグラムの一部

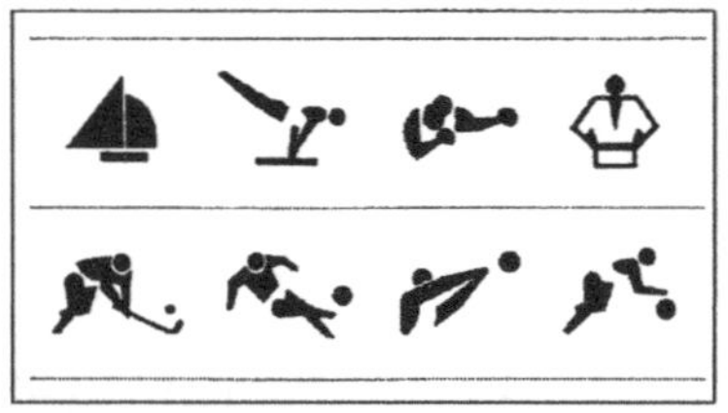

資料Ⅲ　電車内で見つけたピクトグラム

> ひかる：現在，世界の国々は協力して地球規模の課題の解決に取り組んでいるんだね。
> みらい：それらの解決に向けたD SDGsという目標があることを学んだよね。
> ひかる：わたしも，もっと日本や世界の国々のことについて関心を高め，学び続けたいな。

(6) ひかるさんとみらいさんは，下線部Dについて，17の目標の中から「住み続けられるまちづくりを」をテーマとして話し合い，次のようにまとめました。〜〜〜について，あなたならどのように考えますか。下の条件に従って書きなさい。※お詫び：著作権上の都合により，イラストは掲載しておりません。教英出版

> これまでに，わたしたちは自分たちが住んでいる地域やその他のさまざまな地域における人々の生活について学んできました。これからは，学んだことを生かして，自分たち自身で考えたり，行動したりしなければいけないことに気づきました。人口が増えている地域や減っている地域がそれぞれもつ課題とは何か，どのようなまちであればわたしたちが快適に暮らせるかなどについて，もう一度考えてみようと思います。
>

（条件）・解答らんⅠには，人口が増えている地域または減っている地域がもつ課題について，どちらかの地域の課題を20字以上40字以内で書きなさい。なお，解答らんⅠの（　　　）には「増えている」または「減っている」を書きなさい。

　　　　・解答らんⅡには，解答らんⅠに書いた課題を解決する方法と，あなたがそのように考えた理由について，80字以上100字以内で書きなさい。

令和５年度

奈良県立国際中学校入学者選抜検査問題

適性検査２

（40分）

注　　意

１　指示があるまで開いてはいけません。

２　解答用紙は２枚あります。それぞれに，受検番号を忘れないように書きなさい。

３　解答用紙の※印のところには，何も書いてはいけません。

４　答えは必ず解答用紙に書きなさい。

受検番号		※	合計	※

※100点満点

令和５年度

奈良県立国際中学校入学者選抜検査

適性検査２

解　答　用　紙

（１枚目）

問題番号			答　え		採　点
1	(1)	①			
		②			
	(2)		倍		
	(3)		cm		

小計	※

1
(1)４点×２
(2)６点
(3)６点

2
(1)６点×２
(2)①４点×２
②距離３点　理由…４点
③３点

問題番号			答　え				採　点
2	(1)	①					
		②					
	(2)	①	最頻値	回	中央値	回	
		②	距離	m			
			理由				
		③					

受検番号	

※

令和５年度

奈良県立国際中学校入学者選抜検査
適性検査２

解　答　用　紙

（２枚目）

問題番号			答　　　え		採　点
3	(1)	①			
		②			
		③			
		④			
	(2)	①			
		②			

小計	※

3
(1)①３点
②３点
③３点
④５点
(2)①３点
②８点

4
(1)４点
(2)５点
(3)８点
(4)８点

問題番号			答　　　え		採　点
4	(1)				
	(2)				
	(3)				
	(4)	提案			
		理由			

1 国際小学校では，毎年いろいろな国からの留学生との交流会をしています。ひかるさんとみらいさんは，交流会の会場の飾《かざ》りを作る係です。次の［　　］内は，飾りの作り方を表しています。次の問いに答えなさい。

【飾りの作り方】

図１のように，１回折り，２回折り，３回折りのいずれかの折り方で，正方形の紙を折ります。

図１

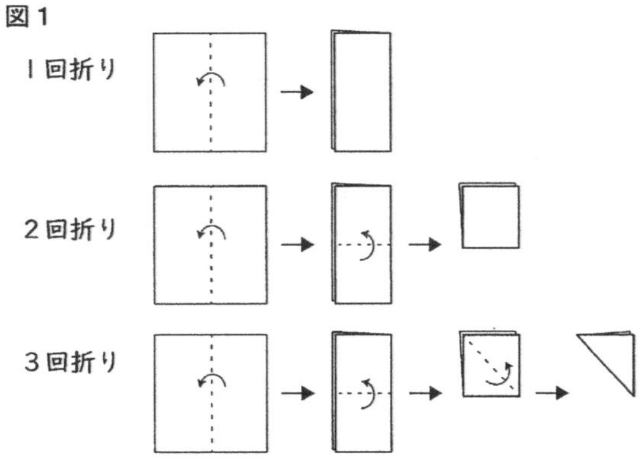

例えば，図２のような飾りを作る場合，３回折りの折り方で正方形の紙を折り，図３の太線のところで紙を切り取り，図４のように紙を開きます。

図２

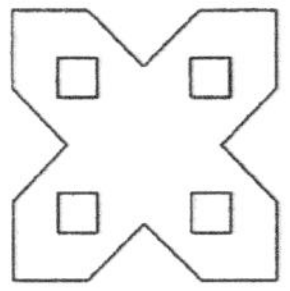

図３

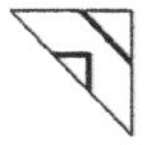

図４

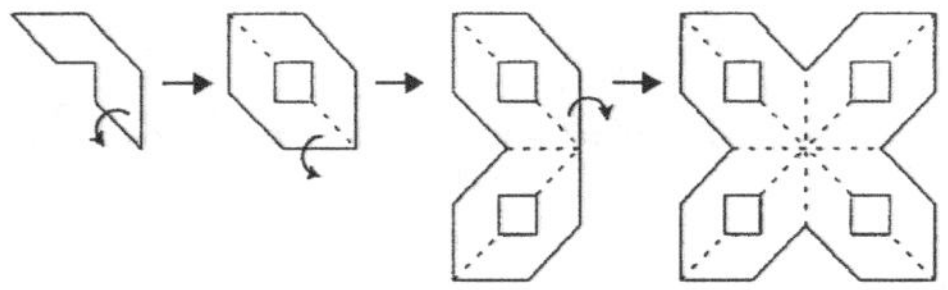

(1) 次の［　　］内は，【飾りの作り方】を参考に飾りを作っているときのひかるさんとみらいさんの会話です。①，②の問いに答えなさい。

みらい：同じ折り方でも，切り方によっていろいろな形の飾りができるね。
ひかる：おもしろいね。たくさん飾りを作って教室に飾ろうよ。
みらい：どのような飾りができるかは，線対称《せんたいしょう》な図形の考え方で予想ができそうだよ。
ひかる：そうだね。線対称な図形の考え方を用いて，いろいろな形の飾りを作ってみようよ。Ⓐ雪の結晶《けっしょう》のような飾りを作ってみたよ。

① いつでも線対称な図形を，次の**ア**～**オ**からすべて選び，その記号を書きなさい。

ア 二等辺三角形　**イ** 直角三角形　**ウ** 平行四辺形　**エ** ひし形　**オ** 台形

② 下線部Ⓐについて，ひかるさんは，【飾りの作り方】の１回折りの折り方で正方形の紙を折り，太線のところで紙を切り取り，紙を開いて図５のような飾りを作りました。切り取るところとして正しい太線がかかれている図を，次の**ア**～**エ**から１つ選び，その記号を書きなさい。

図５

ア

イ

ウ

エ

(2) 【飾りの作り方】の３回折りの折り方で正方形の紙を折り，図６の太線のところで紙を切り取り，紙を開くと図７のような飾りができます。このとき，図７の飾りの面積は，もとの正方形の紙の面積の何倍か求めなさい。

図６

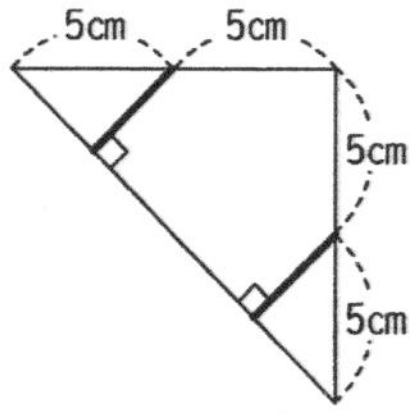

図７

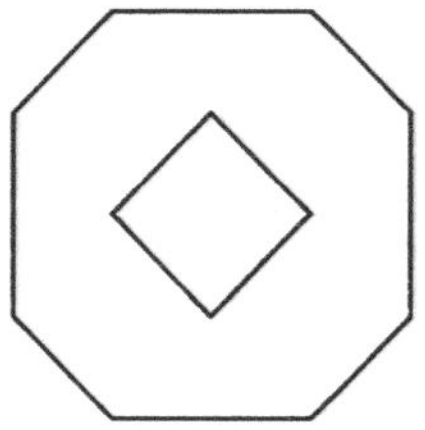

(3) 【飾りの作り方】の２回折りの折り方で正方形の紙を折り，図８の太線のところで紙を切り取り，紙を開くと図９のような飾りができます。このとき，図９の飾りのまわりの長さを求めなさい。

図８

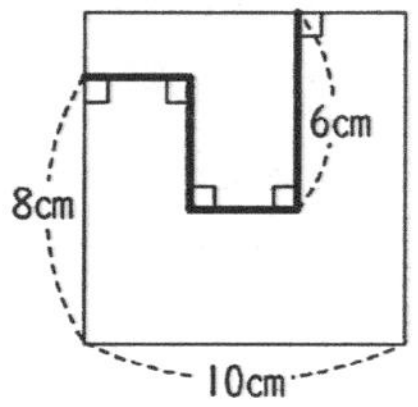

図９

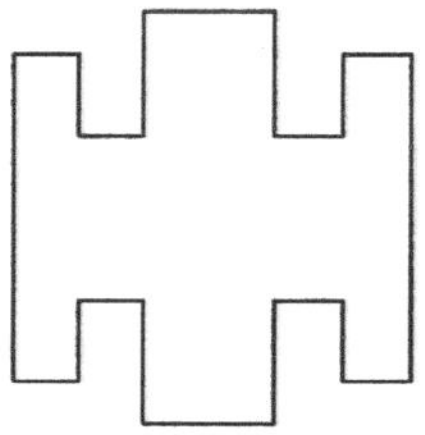

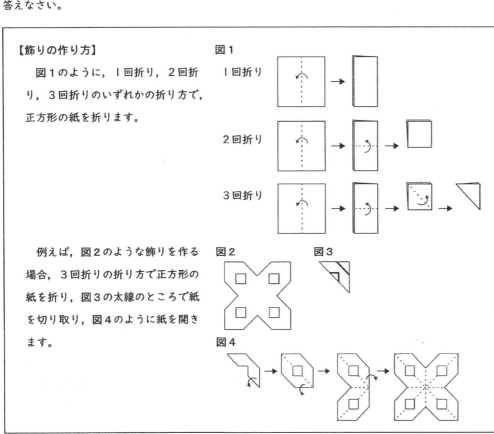

2 ひかるさんとみらいさんは，国際小学校の６年生です。国際小学校では，１年生と６年生で交流会を行います。交流会では，６年生が総合的な学習の時間で学んだことの発表と，１年生と６年生のレクリエーションがあります。次の問いに答えなさい。

(1) ひかるさんとみらいさんの学級では，総合的な学習の時間で「SDGs」について学びました。ひかるさんとみらいさんは，交流会で食品ロスについて発表します。次の □ 内は，ひかるさんとみらいさんが食品ロスについて，農林水産省のWebページと奈良県のWebページを参考にまとめたものです。①，②の問いに答えなさい。

・食品ロスとは，まだ食べられるのに廃棄《はいき》される食品のこと
・食品ロスは下の２つに分けることができる
　事業系食品ロス：事業活動をともなって発生する食品ロス（売れ残り，返品，食べ残し等）
　家庭系食品ロス：各家庭から発生する食品ロス
・2019年度の日本全国の食品ロス量は，年間約570万トン
・2019年度の日本全国の１人あたりの食品ロス量は，年間約45kg
・㋐2019年度の奈良県の食品ロス量は，年間約5万1930トン
・2030年度には，家庭系食品ロス量，事業系食品ロス量のどちらの量も，2000年度の半分の量にすることが目標
・2019年度の日本全国の食品ロス量と2019年度の奈良県の食品ロス量のうちわけ（資料１）

資料１

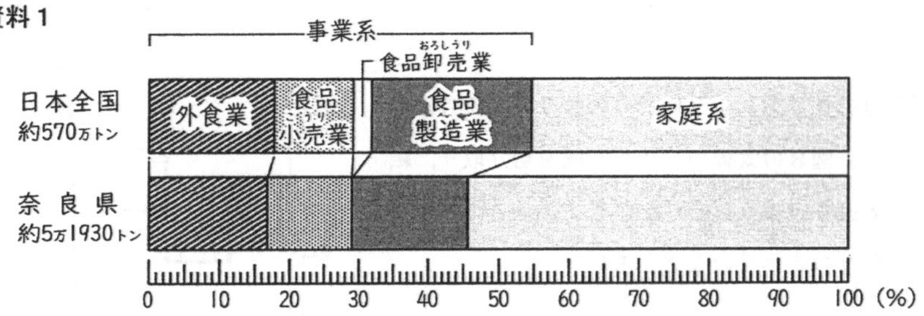

[令和元年度 奈良県の食品ロス量（推計値）（奈良県Webページ），食品ロス量の推移（農林水産省Webページ）より作成]

① 2019年度の奈良県の人口は133万1330人です。次の □ 内は，みらいさんが，下線部㋐について，奈良県の人口をもとに，奈良県の１人あたりの年間の食品ロス量が何kgになるかをがい数にして考えたものです。

【みらいさんの考え】
5万1930トンをkgで表すと，51930000kgです。奈良県の人口は133万1330人なので，１人あたりの食品ロス量は 51930000 ÷ 1331330 で求めることができます。
51930000 ÷ 1331330 をそのまま計算せずに，がい数にして計算すると，
㋑51930000 ÷ 1331330 の答えが，40kgよりも必ず小さくなり，36kgよりも必ず大きくなることがわかります。
奈良県の１人あたりの食品ロス量は，日本全国の１人あたりの食品ロス量の年間約45kgより少ないことがわかります。

下線部㋑について，「51930000」と「1331330」をどのようにがい数にして計算するとよいですか。適切なものを，次のア～エから２つ選び，その記号を書きなさい。

ア　51930000を大きくみて52000000，1331330を大きくみて1400000として計算します。
イ　51930000を小さくみて51000000，1331330を大きくみて1400000として計算します。
ウ　51930000を大きくみて52000000，1331330を小さくみて1300000として計算します。
エ　51930000を小さくみて51000000，1331330を小さくみて1300000として計算します。

② ひかるさんは，資料１をみて，わかることを書き出しました。ひかるさんの考えの中で誤っているものを，次のア～ウから１つ選び，その記号を書きなさい。

ア　奈良県の家庭系の食品ロス量の割合は，日本全国に比べて高い。
イ　奈良県の外食業の食品ロス量は，日本全国とほとんど同じである。
ウ　奈良県の食品卸売《おろしうり》業の食品ロス量は，日本全国に比べて少ない。

(2) ひかるさんとみらいさんは，１年生とのレクリエーションの準備をしています。種目は，的当てになりました。資料２のドットプロットは，６年生の22人が１人10回ずつ的当てをして，当たった回数と人数を，的までの距離《きょり》ごとに表したものです。次の ┆　┆ 内は，的までの距離を何mにするのがよいか考えている，ひかるさんとみらいさんの会話です。①～③の問いに答えなさい。

資料２

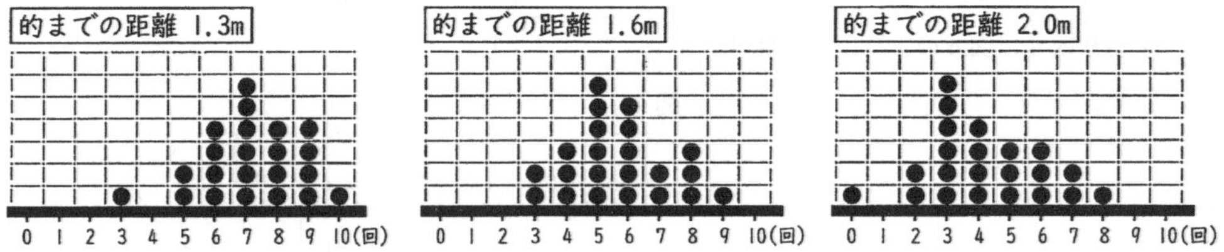

ひかる：１年生はたくさん当たったほうがうれしいと思うよ。
みらい：５回以下の人数が，全体の６割をこえている距離はやめよう。
ひかる：それなら，[A]mはダメだね。あと，平均値が６回より少ないのもやめておこう。
みらい：これで距離が１つに決まったね。

① 的までの距離が1.6mのときの，最頻値《さいひんち》，中央値をそれぞれ答えなさい。
② [A]mに当てはまる距離を答えなさい。また，会話と資料２から読み取れることをもとに，その距離を選んだ理由を，式と言葉を用いて説明しなさい。
③ ひかるさんとみらいさんは，的までの距離を何mにするのがよいと決めましたか。最も適切なものを，次のア～ウから１つ選び，その記号を書きなさい。

ア　1.3m　　イ　1.6m　　ウ　2.0m

3 ひかるさんとみらいさんは，ＳＤＧｓの目標の１つである「エネルギーをみんなに　そしてクリーンに」をテーマに，エネルギーと環境について考えることにしました。□内は，ひかるさんとみらいさんの会話です。各問いに答えなさい。

> ひかる：屋根に太陽光パネルを設置している家をたくさん見かけるようになったよ。
> みらい：そうだね。太陽光パネルは，授業で学習した光電池のことだよね。光電池を使った太陽光発電は，少しずつ増えてきているみたいだよ。㋐太陽光発電について，調べてみようよ。
> ひかる：そうだね。太陽光発電は，㋑環境にやさしいと聞いたことがあるよ。
> みらい：うん，でも㋒問題点もあるかもしれないね。さまざまな方向から調べることは大事だね。また，㋓エネルギーの使い方を考えることも，エネルギーと環境の問題を解決するために，私たちができることの１つではないかな。

(1) 下線部㋐について，光電池の特ちょうを知るために，【実験１】を行いました。表は，その結果です。

【実験１】

1　図１のように，光電池とモーターをつなぎ，光を当てるとモーターが回ることを確認する。

2　光電池に光が当たらないようにしたときの，モーターの回り方を確認する。

3　鏡で光を重ねて光電池に当たる光を強くしたり，手でかげをつくって光電池に当たる光を弱くしたりしたときの，モーターの回り方を確認する。

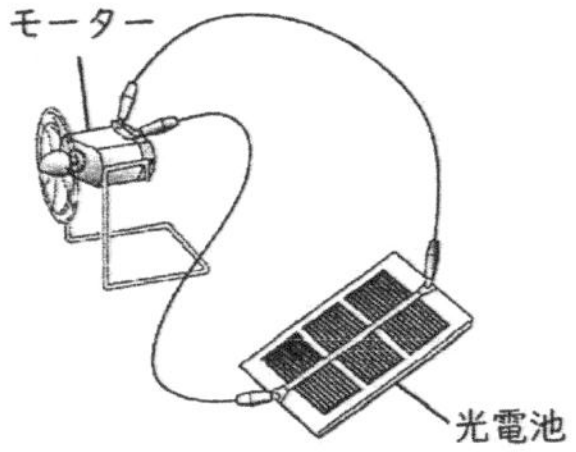

図１

光の当て方	光が当たらない	光が強い	光が弱い
モーターの回り方	回らない	速く回る	ゆっくり回る

① 実験結果からわかる光電池の特ちょうを，次の**ア**～**エ**からすべて選び，その記号を書きなさい。

ア　当てる光の強さによって，電流の向きを変えることができる。

イ　当てる光の強さによって，電流の大きさを変えることができる。

ウ　光を当てると，電気をたくわえることができる。

エ　光を当てると，発電することができる。

② 奈良県のある場所で，太陽光発電によって，より多くの電気をつくるためには，【実験１】の結果から，光電池をどの向きに置けばよいと考えられますか。次の**ア**～**エ**から１つ選び，その記号を書きなさい。

ア　東向き　　**イ**　西向き　　**ウ**　南向き　　**エ**　北向き

③ 下線部㋑について，太陽光発電は地球温暖化の原因となる二酸化炭素を出さないことから，環境にやさしい発電方法だといわれています。太陽光発電のように，二酸化炭素を出さず，自然現象を利用した発電方法を，太陽光発電以外で１つ答えなさい。

④ 下線部㋒について，【実験１】の結果から考えられる太陽光発電の問題点を簡単に説明しなさい。

(2) 下線部㋓について考えるために，【実験２】を行いました。表は，その結果です。

【実験２】

1　図２のように，手回し発電機にコンデンサーをつないで，手回し発電機のハンドルを40回一定の速さで回し，コンデンサーに電気をたくわえる。

2　図３のように，電気をたくわえたコンデンサーに豆電球をつないで，明かりがついていた時間を調べる。

3　図４のように，豆電球を発光ダイオードにかえて，１，２と同じようにして，明かりがついていた時間を調べる。

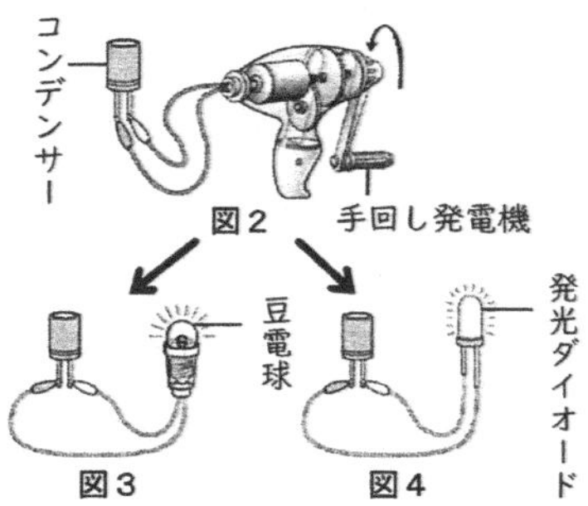

図２　図３　図４

	豆電球	発光ダイオード
明かりがついていた時間	45秒	10分以上

① 実験後に豆電球をさわると，豆電球はあたたかくなっていました。このことから，豆電球は電気を光だけでなく，何に変えているといえますか。

② 【実験２】の結果から，発光ダイオードは豆電球に比べて効率よくエネルギーを使っているといえます。その理由を簡単に説明しなさい。

4 まことさんは，夏休みにおじいさんの家に遊びに行きました。おじいさんは米づくりをしています。まことさんは，おじいさんと田を見に行きました。□内は，田を見に行ったときのおじいさんとまことさんの会話です。各問いに答えなさい。

まこと　：おじいさん，たくさんのイネが育っているね。

おじいさん：そうだね。イネの細長い葉のほかに，イネの穂《ほ》が見えるかい。イネは６月から７月にかけて，１つの茎《くき》から新しい茎や葉がたくさん出てくるんだ。そして８月ごろに穂が出てくるんだ。穂というのは，イネの花が100個ほど集まっているものなんだ。

まこと　：そうなんだ！

おじいさん：みてごらん。これがイネの花だよ。イネの花には，花びらやがくはないんだ。そのかわりに「えい」というものがあって，その中におしべやめしべがあるんだ。「えい」が開くと，①受粉が起こるんだ。そうすると，めしべの根元の部分が少しずつふくらんで，１か月ほどかけてお米ができるんだよ。

（東北農業研究センターのWebページより作成）

まこと　：おしべやめしべがあるのは，ほかの植物と同じだけど，花びらがない花があるのは初めて知ったよ。

おじいさん：②イネの花には，ほかにもおもしろい性質があるよ。例えば，「えい」が開くのは午前中の２時間ほどで，一度閉じてしまうと，その後は開かないんだ。このときに気温が高すぎたり，風が強かったりすると，イネはうまく受粉できなくて，お米のとれる量が少なくなることがあるんだ。

まこと　：イネを育てることは天気と関係しているんだね。ところでおじいさん，イネを育てるのに，困っていることは何かあるの。

おじいさん：特に困っているのは，③シカやイノシシが田のイネを食べてしまうことなんだ。

まこと　：え？シカやイノシシがこの辺りにいるの。

おじいさん：たくさんいるよ。特にこの40年ほどで，急に数が増えてきたんだ。

まこと　：どうしてこの40年ほどで数が増えてきたの。

おじいさん：それは，使われなくなった田が増えてきたからなんだ。放置した田はやがて雑草におおわれて，シカやイノシシにとっての新しいかくれ場所になってしまうんだよ。

まこと　：シカやイノシシが増えてきた原因は，私たち人間にもあるんだね。④シカやイノシシと共にくらしていく方法はないのかな。

(1) 下線部①について，説明しなさい。

(2) 下線部②について，まことさんはイネの花に興味をもち，さらに調べたところ，イネの花の「えい」は一度に開くことはなく，穂の上の方から順番に開くこと，そして「えい」が全部開き終わるまでに，１週間くらいかかることを知りました。このしくみは，イネにとってどのような利点がありますか。最も適切なものを，次の**ア**～**エ**から１つ選び，その記号を書きなさい。

ア　穂の上からたくさんの花粉が落ちてくることで，下の方の花が受粉しやすくなる。

イ　１～２日ほど風が強い日があっても，穂のすべての花が受粉できないということがなくなる。

ウ　花粉を運ぶ昆虫をたくさん集めることができるので，受粉しやすくなる。

エ　穂の上と下で実ができる時期がずれるので，実が動物に食べられなくなる。

(3) 下線部③について，下の表は，兵庫県において2006年から2008年におこなわれた調査で，シカやイノシシに田を荒《あ》らされたと答えた集落の合計数を月ごとにまとめたものです。この表から，田を荒らされた被害が最も多い月は，シカとイノシシでちがうことがわかります。なぜこのようなちがいがあるのか，考えられる理由を書きなさい。

（注）集落＝家や畑が集まっているひとつの地域のこと。

	１月	２月	３月	４月	５月	６月	７月	８月	９月	10月	11月	12月
シカ	11	14	19	61	1007	1494	1311	1293	958	337	74	30
イノシシ	7	5	19	63	320	519	1010	1698	1904	730	136	39

（兵庫県森林動物研究センターの資料より作成）

(4) 下線部④について，シカやイノシシが生きる環境を守ることと，私たち人間のくらしを守ることはどちらも大切です。シカやイノシシと人間が共にくらしていくために，私たちはどのようなことをすればよいでしょうか。まことさんとおじいさんの会話をもとに，あなたの提案を書きなさい。また，そのように提案した理由も書きなさい。

令和５年度

奈良県立青翔中学校入学者選抜検査問題

適性検査Ⅰ

（40分）

注　意

１　指示があるまで開いてはいけません。

２　解答用紙は、２枚あります。それぞれに、受検番号を忘れないように書きなさい。

３　解答用紙の※印のところには、何も書いてはいけません。

４　答えは必ず解答用紙に書きなさい。

受検番号

令和5年度　奈良県立青翔中学校入学者選抜検査

適性検査Ⅰ　解答用紙

（一枚目）

※100点満点

※

合計

※

問題番号	一							
	（一）	（二）	（三）	（四）	（五）	（六）	（七）	
							県名	割合
答え				「核兵器をもたない、つくらない、（　　　　）」	→　→		県	%
採点								

（一）４点
（二）４点
（三）４点
（四）６点
（五）６点
（六）７点
（七）県名…９点
　　割合…10点

小計

※

受検番号

令和5年度　奈良県立青翔中学校入学者選抜検査

適性検査I　解答用紙

（二枚目）

問題番号　二

答え

（一）

（二）　ミルククラウンのしぶきは、　　　　こと。

（三）　A　　B

（四）　　　　から。

（五）　　　　こと。

（六）

160字　140字

採点

※

（一）４点
（二）６点
（三）４点×２
（四）６点
（五）６点
（六）20点

小計
※

一

翔太《しょうた》さんと花子さんのクラスでは、修学旅行で訪《おとず》れる予定の四国地方について、学習を進めています。各問いに答えなさい。

(一) 二人は、訪問する高松市の気候の特徴《とくちょう》を考えるために、他の三つの都市と比較《ひかく》することにしました。資料1は、その四つの都市の位置を示した地図です。資料2は、それぞれの都市の月平均気温と月平均降水量を示した図です。高松市を示した図として最も適切なものを、資料2中の**ア**～**エ**から一つ選び、その記号を書きなさい。

〔資料1〕

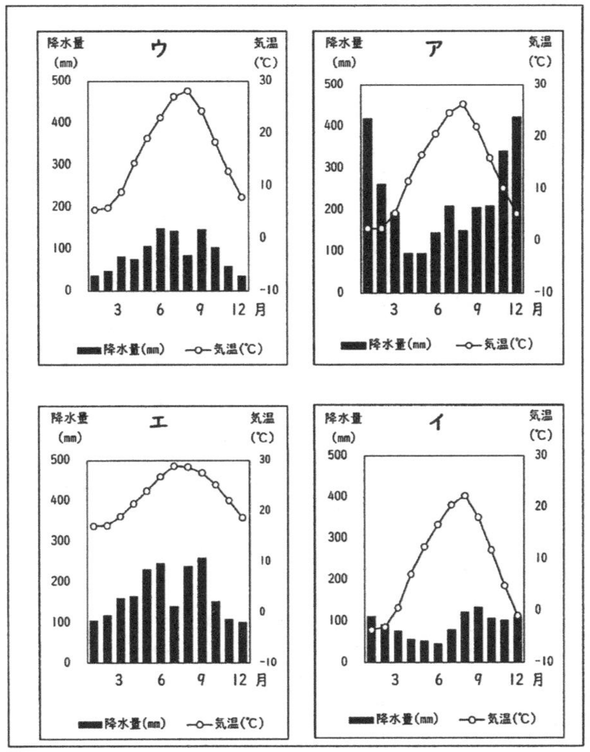

〔資料2〕

(二) 二人は、本州と四国を結ぶ交通について調べました。本州と四国の間には、橋を使った三つのルートがあり、車や鉄道による往来が可能であることを知りました。このうちの一つのルートであり、岡山県倉敷市《くらしきし》に建設された石油工場の近くを通っているルートを、資料3中の**ア**～**ウ**から一つ選び、その記号を書きなさい。

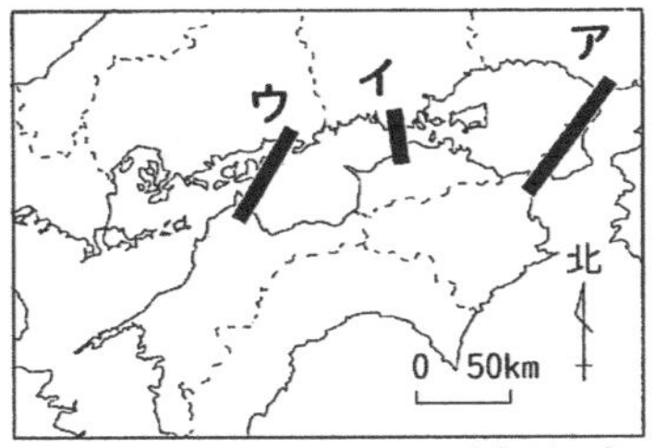

〔資料3〕

(三) 二人は、香川県の琴平町《ことひらちょう》には、江戸《えど》時代に建設された芝居《しばい》小屋があり、歌舞伎《かぶき》などが上演されていることを知りました。近松門左衛門《ちかまつもんざえもん》が芝居の脚本《きゃくほん》を書くなど、歌舞伎が人々の楽しみとして広まったころの文化として、最も適切なものを、次の**ア**～**エ**から一つ選び、その記号を書きなさい。

ア 西洋の制度や技術が取り入れられた文化
イ 渡来人《とらいじん》などによってもたらされた文化
ウ 力をつけた町人が生みだした文化
エ 中国の文化をもとに貴族が生みだした日本独自の文化

(四) 二人は、高松市が日本のかかげる非核《ひかく》三原則を守ることなどにより、世界の平和実現を目指すことを宣言していることを知りました。この非核三原則の内容を、解答用紙の空らんに当てはまるように書きなさい。

(五) 二人は、高松市の歴史を調べ、資料4と**ア**～**ウ**の地図を作成しました。資料4は高松市の歴史を古い順に並べたものです。資料4を参考にして、地図**ア**～**ウ**を古い順に並べかえて記号で書きなさい。

高松城跡《あと》周辺に市街地が形成された。
←
高松港から県庁の西を通る路面電車が開通した。
←
アメリカ軍の空襲《くうしゅう》により大きな被害《ひがい》を受けたため、路面電車の線路が取りはらわれた。
←
高松城跡付近まで線路が伸《の》ばされ、地図中南部の高松駅が瓦《かわら》町駅と改名された。
←
高松港に面した駅が廃止《はいし》され、海岸が大規模に埋《う》め立《た》てられた。

〔資料4〕

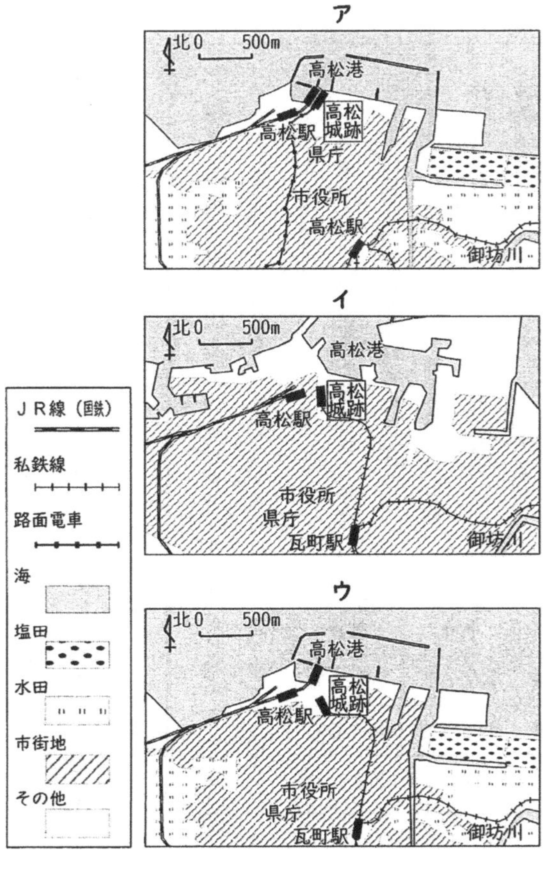

(六) 二人は、香川県の海岸部にかつて塩田があったことに関心を持ち、塩田について調べました。塩は古くから、塩田で生産されていました。1970年以降、工場での生産が主となりました。資料5は、1910年から1970年における、塩田での塩の生産量を県別に示したものです。資料5から読み取れることとして正しいものを、次の**ア**～**オ**からすべて選び、その記号を書きなさい。

ア 四県とも、生産量は一時減少した後、増加している。
イ 1960年の生産量は、多い県から香川県、徳島県、愛媛県、高知県の順である。
ウ 高知県の生産量は、常に愛媛県より多い。
エ 香川県の生産量は、常に他の三県の合計よりも多い。
オ 徳島県の生産量は、常に減少し続けている。

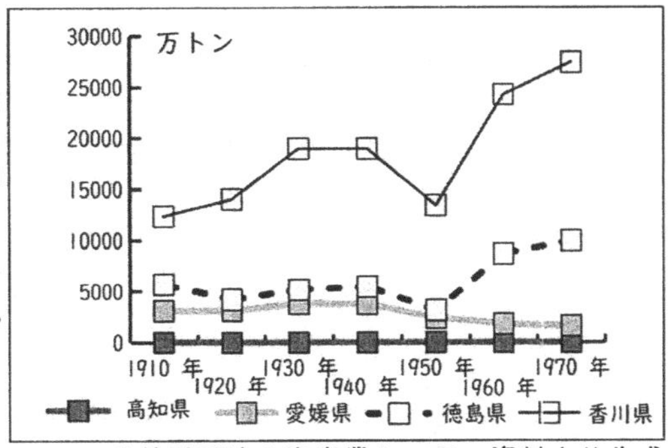

公益財団法人塩事業センター資料より作成

〔資料5〕

(七) 二人は、四国四県の農業について調べることにしました。資料6は、四国四県の、「米」・「野菜」・「果実」・「畜産《ちくさん》」・「その他」の産出額とその「合計」を示したものです。「米」の産出額がその県の「合計」に占《し》める割合の最も低い県名を書きなさい。

また、四国四県の中で「果実」の産出額が最も高い県について、「野菜」の産出額がその県の「合計」に占める割合(%)を書きなさい。答えは小数第一位を四捨五入しなさい。

	徳島県	香川県	愛媛県	高知県
米	133	120	152	112
野菜	349	242	189	715
果実	88	63	527	104
畜産	263	320	249	82
その他	128	58	90	104
合計	961	803	1207	1117

単位：億円

「地理統計要覧 2022 年版」より作成

〔資料6〕

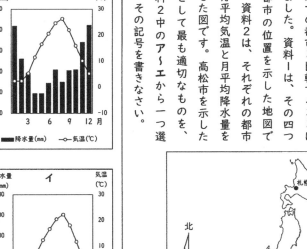

二　次の文章を読み、後の各問いに答えなさい。

忘れもしない中学校一年生の夏、夏休みの自由研究のネタを考えるのに頭を悩《なや》ませていたとき、テレビで「ミルククラウン（のたぶん高速度撮影《さつえい》）」を見ました。

一滴《いってき》の牛乳が水面（牛乳面）に落ちると周辺に王冠《おうかん》のようなしぶきが上がるのですが、高速度カメラで撮影すると冠形《かんむりがた》のしぶきがきれいに見えます。「①整然としていてきれいだな」と思うと同時に「このしぶきは落ちてきた一滴の牛乳がはね返ったものなのか、それとも下にあった牛乳が飛び散ったものなのか？」ふとそんな疑問がわきました。「②これって、ただの水にインクを一滴落としたらわかるんじゃないか」と思い、小さな小さなお皿とスポイトとインクと紙一枚を用意し、試《ため》してみました。実際にやってみると、インクを水面に落とすと周りに敷《し》いた紙は濡《ぬ》れますが青色は付きません。逆に、インクのなかに水を一滴たらすと紙は青くなるので、なるほど「[　A　]が飛び散っているんだ」ということがわかりました。

この実験、なかなかよくできていると今でも思うのです。簡単だし。[　B　]二学期を迎《むか》え理科の時間に発表しました。田村少年、さぞかし自慢《じまん》げだったことでしょう。ところが、教室から声が上がります。

「そんなのあたりまえだろ。水たまりに石投げて石が飛んでくるかよ！」と大声で叫《さけ》んだのは、クラスいちのガキ大将（でも私の仲良しだった）。まったくの正論なのです。田村少年は絶句し、立ちすくむのでした。

すでに四〇年以上も前のことですが、今でもこの出来事を鮮明《せんめい》に覚えています。それは、③大人になってこの出来事を思い出したときに、ものすごく悔《くや》しかったからです。ただしその悔しさは、自分が一生懸命《いっしょうけんめい》やった自慢の研究の穴を一瞬《いっしゅん》で見透《みす》かされ、「そんなことやっても仕方がない」と言われたこと、に対してではありません。「どうしてあのとき、「じゃあ、石に水を当てたら石が飛んでくるのか？」と言い返せなかったんだろう」という後悔《こうかい》でした。確かに、当てる物体と当てられる物体の硬《かた》さの問題も考える必要があるようです。自分の研究にも穴があるが、相手の論理にも穴がある。それらを埋《う》める実験を考えて、さらに試してみるといい。でも、そこまでの論理展開は中一の私にはとっさに考えられなかったのです。石はもちろん油とか砂糖水とかさまざまに硬さの違《ちが》う物体を水面にぶつけてみると何かわかるかもしれません。ひょっとすると同じ硬さの物体同士だと、考慮《こうりょ》すべきは別にあるかもしれません。言い返せなかったことよりも、次の展開を考えつかなかったことへの後悔なのかもしれませんね。

研究って、まさにこういうものです。「あれ、不思議だな、なんでだろう？」と思ったことを④自分で確かめてみる。出てきた結果をよく考えて結論を出す。導いた結論を人に話す。別の考え方で言い負かされることがある。ならば次はこうしてやろうと……。今でも私が研究人でいるのは、この中学校一年生のときの貴重な経験があって「悔しいけど楽しい。次は何をやってみようか」と考え続けているからなのかもしれません。でも、私のような学者だからこんな特殊《とくしゅ》なことを考える、というわけではないと思います。「どうして石鹸《せっけん》受けには水がたまるんだろう？」とか「自分が美味《おい》しいと思えるゆで卵をゆでるためには、どうしたらいいか？」とか、考えて工夫《くふう》して実験してみると、楽しいですよ。あなたも今日から実験はじめてみませんか？　むしろ、みんな毎日実験している（ある目的のために工夫している）のに気づいていないだけなんじゃないかしら。

（田《た》村《むら》宏《こう》治《じ》『進化の謎《なぞ》をとく発生学』岩波ジュニア新書による）

（注）**高速度撮影**＝人間の目ではとらえることができないほどの瞬間的な画像を撮影する方法。スローモーション撮影。
高速度カメラ＝高速度撮影をすることができるカメラ。

（一）――線部①「整」と同じ部首をもつ漢字を次の**ア**～**オ**からすべて選び、記号で答えなさい。

ア 東　**イ** 政　**ウ** 歴　**エ** 束　**オ** 数

（二）――線部②「これ」とは何を指しますか。それを説明した次の[　　]内の文の空らん[　　]に入る適切な言葉を、文章中の言葉を使って五〇字以内で答えなさい。

> ミルククラウンのしぶきは、[　　　　]こと。

（三）文中の空らん[　A　]・[　B　]に入る最も適切な言葉をそれぞれ次の**ア**～**エ**から一つ選び、記号で答えなさい。

空らん[　A　]

ア お皿の中の液体
イ スポイトでたらした液体
ウ お皿の中の液体とスポイトでたらした液体のいずれか
エ お皿の中の液体とスポイトでたらした液体の両方

空らん[　B　]

ア 一喜一憂《いっきいちゆう》して　**イ** 心機一転して
ウ 興味津々《きょうみしんしん》で　**エ** 意気揚々《いきようよう》と

（四）――線部③「大人になってこの出来事を思い出したときに、ものすごく悔しかった」とありますが、筆者がそのように感じた一番の理由は何ですか。「～から。」に続く形で、文章中から十三字でぬき出して書きなさい。

（五）――線部④「自分で確かめてみる」とは、どうすることですか。「～こと。」に続く形で、文章中から十三字でぬき出して書きなさい。

（六）上の文章を読んだ翔太さんは、自由研究でゆで卵について調べることにしました。様々な条件で実際に卵をゆでてみたところ、次の[　　]内のことがわかりました。これをもとに、後の問いに答えなさい。

> ○ 卵をゆでる時間が短いと、内側の黄身にまで十分に熱が伝わらないため、外側の白身は固まっているが黄身はまだしっかりと固まっていない「半熟卵」となる。
> ○ 下の表のように、白身と黄身は、ゆでたときに固まる温度がそれぞれ異なる。
> ○ ゆでるお湯の温度を工夫すれば、外側の白身はとろりとした半熟状態なのに、内側の黄身が適度に固まった「温泉卵」を作ることができる。

	固まり始める温度	完全に固まる温度
白身	約６０℃	約８０℃
黄身	約６５℃	約７０℃

［表］卵をゆでたときに固まる温度

問　「温泉卵」の作り方を、次の１、２の条件に従ってまとめなさい。

条件１　原稿《げんこう》用紙の使い方に従って、一四〇字以上一六〇字以内で、二段落構成で書きなさい。ただし、題、自分の名前は書かないこと。

条件２　第一段落には、「温泉卵」とはどのようなゆで卵なのかを、「半熟卵」と比較して説明しなさい。
第二段落には、「温泉卵」ができる原理（しくみ）と、実際に「温泉卵」を作るための方法（ゆでるお湯の温度など）を考えて書きなさい。

令和５年度

奈良県立青翔中学校入学者選抜検査問題

適性検査２

（50分）

注　　意

１　指示があるまで開いてはいけません。

２　解答用紙は、２枚あります。それぞれに、受検番号を忘れないように書きなさい。

３　解答用紙の※印のところには、何も書いてはいけません。

４　答えは必ず解答用紙に書きなさい。

受検番号	

※

合計	※

※150点満点

令和５年度

奈良県立青翔中学校入学者選抜検査

適性検査２

解　答　用　紙

（１枚目）

問題番号			答　　え	採　点
1	(1)			
	(2)	曜日		
	(3)	曜日		
2	(1)	数値 説明		
	(2)			
	(3)	C		
		D		

1
(1)６点
(2)７点
(3)８点

2
(1)数値…３点　説明…４点
(2)５点
(3)C.　６点　D.　４点
(4)記号…３点　理由…５点

3
(1)６点
(2)６点
(3)記号…３点　理由…３点
(4)６点

小計	※

問題番号		答　　え	採　点
2	(4)	記号 理由	
3	(1)		
	(2)		
	(3)	記号 理由	
	(4)		

受検番号	

※

小計 ※

令和５年度

奈良県立青翔中学校入学者選抜検査

適性検査２

解　答　用　紙

（２枚目）

4
(1)７点
(2)９点
(3)７点×２
(4)８点

5
(1)８点
(2)12点
(3)９点
(4)８点

問題番号		答　　え	採　点
4	(1)		
	(2)		
	(3)	［「空気」が必要かどうか］	
		［「水」が必要かどうか］	
	(4)		

問題番号		答　　え	採　点
5	(1)		
	(2)		
	(3)		
	(4)		

1 翔《しょう》太《た》さんと先生がカレンダーを見ながら会話をしています。次の図はカレンダーのそれぞれの月の第２週目までを示しています。後の［　　］を読んで、以下の各問いに答えなさい。

2023年

日	月	火	水	木	金	土
1月						
1	2	3	4	5	6	7
8	9	10	11	12	13	14
2月						
			1	2	3	4
5	6	7	8	9	10	11
3月						
			1	2	3	4
5	6	7	8	9	10	11

2024年

日	月	火	水	木	金	土
1月						
	1	2	3	4	5	6
7	8	9	10	11	12	13
2月						
				1	2	3
4	5	6	7	8	9	10
3月						
					1	2
3	4	5	6	7	8	9

2025年

日	月	火	水	木	金	土
1月						
			1	2	3	4
5	6	7	8	9	10	11
2月						
						1
2	3	4	5	6	7	8
3月						
						1
2	3	4	5	6	7	8

翔太　2023年の２月と３月の同じ日は同じ曜日になっています。例えば２月１日は水曜日で、３月１日も水曜日です。どうしてですか。

先生　１年は12か月あります。２月以外の月は、１か月の日数が30日または31日ですが、２月の日数は28日です。［ A ］から、２月と３月の同じ日は曜日も同じになります。

翔太　そうすると３月の日数は31日、４月の日数は30日、５月の日数は31日なので、2023年の６月１日は［ B ］ですね。

では、2023年、2024年、2025年の１月１日の曜日はそれぞれ日曜日、月曜日、水曜日となっていますが、これはどうしてですか。

先生　１年の日数は365日で、１週の日数は７日なので、７で割った余りの関係から１年ごとに同じ月の同じ日の曜日は１つずつずれていくことになります。ところが、４年に１度２月が29日になるので、そのときは同じ月の同じ日の曜日は１年で２つずれることになります。２月29日がある年をうるう年と呼んでいます。現在私たちが使っている暦《こよみ》は「グレゴリオ暦《れき》」といい、世界中の国で使われています。グレゴリオ暦法《れきほう》ではうるう年を次のように決めています。

〔１〕　西暦《せいれき》が４で割り切れる年をうるう年とする。

〔２〕　〔１〕の例外として西暦が100で割り切れて400で割り切れない年はうるう年とはしない。

(1)　［ A ］に入る適切な言葉を以下の**ア**～**エ**から１つ選び、記号で答えなさい。

ア　30は７で割ると２余る　　　**イ**　28は７で割り切れる

ウ　31は７で割ると３余る　　　**エ**　28は12で割ると４余る

(2)　［ B ］に入る適切な曜日を答えなさい。

(3) 日本の法律では18歳《さい》を成年年齢《ねんれい》としています。翔太さんは2023年１月１日に12歳となりました。翔太さんが成年年齢に達する日の曜日を答えなさい。

2 翔太さんと花子さんは天気予報を見ていて降水量について興味を持ちました。次の［　　］を読んで、以下の各問いに答えなさい。

翔太　１時間あたりの降水量は単位として mm[ミリメートル] を使っているね。どうして、水の量を表す単位の mL[ミリリットル] ではなく、長さの単位を使っているのだろう。

２人は降水量をどのように測っているかについて調べてみました。

翔太　どうやら、降水量を測りたい地点に[図１]のような雨量計とよばれる容器を置いて、１時間で容器にたまった雨水の深さを計測する方法があるみたいだね。

花子　なるほど。深さを計測しているから、単位として mm を使っているんだね。

翔太　例えば、[図２]の直方体の容器に雨水が ２mL 入ると深さは［ A ］mm になるね。

花子　そうなんだ。でも、それだと容器によって深さが変わりそうな気がするね。

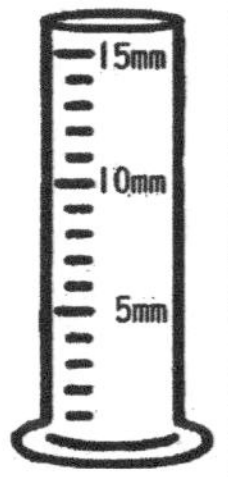

[図１]

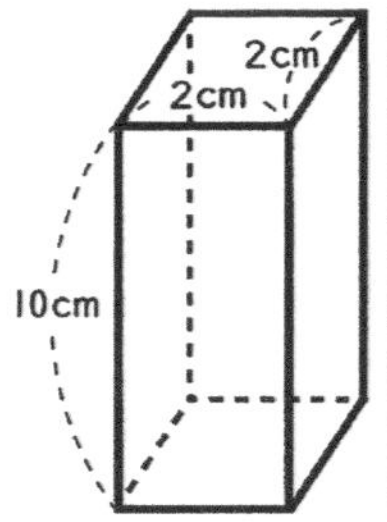

[図２]

２人は容器によって降水量が変化するのかしないのか、先生に質問しました。

先生　[図２]のような容器でたまった水の量と深さの関係に注目して考えてみるといいですよ。

花子　水の深さが２倍、３倍になると、たまった水の量も２倍、３倍になるから、たまった水の量は深さに［ B ］しているといえそうです。

先生　［ B ］の関係のときに成り立つ決まりを見つけて、式に表してみましょう。

翔太　この場合は（たまった水の量）＝（決まった数）×（水の深さ）が成り立ちそうです。（決まった数）って、どのように決まるのかな？

花子　容器によって違う数になりそう。容器の［ C ］が（決まった数）になるんじゃないかな。

翔太　なるほど。直方体で［ C ］が大きい容器は、小さい容器よりも雨が降ったときにたまる水の量は［ D ］けれど、（水の深さ）は（たまった水の量）を［ C ］で割るから降水量は変わらなさそうだね。

(1)　［ A ］に入る適切な数値を答えなさい。また、その求め方を説明しなさい。

(2)　［ B ］に入る適切な言葉を答えなさい。

(3)　［ C ］、［ D ］に入る適切な言葉を答えなさい。ただし［ D ］は語群から選びなさい。

［ D ］の語群
多い　・　変わらない　・　少ない

(4) ２人は家で降水量を測るために**ア**～**エ**の容器を用意し、こぼれないように雨水をためました。容器の入り口からものさしを底面に垂直に立てて水の深さを測ったとき、その長さをそのまま降水量にすると誤った結果になるものはどれですか。以下の**ア**～**エ**から１つ選び、記号で答え、その理由を説明しなさい。

ア

イ
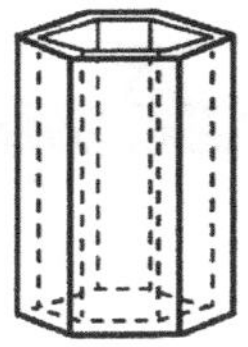

ウ
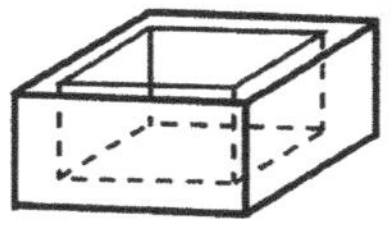

エ
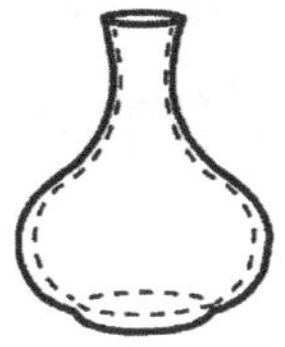

3 翔太さんと花子さんは、奈良市の降水量について調べてみることにしました。次の□を読んで、以下の各問いに答えなさい。

花子	奈良市って全国の中では雨が多い方なのかな？
翔太	実際にデータを調べて考えよう。2021年の奈良市と新潟市の降水量のデータを見つけたよ。
花子	月ごとに結構ばらつきがあるね。月ごとの平均をとって比較《ひかく》してみようか。
翔太	奈良市が [A] mm、新潟市が 163mm だから、新潟市の方が降水量が多いと考えられるね。
花子	近くの都市の降水量と比較してみるとどうなるかな。平均だけだと細かい様子がわからないから柱状グラフを作って調べてみようよ。
翔太	0mm 以上 50mm 未満を一つの階級にして、50mm ごとの階級に区切ってみようか。
花子	奈良市、大阪市、彦根市《ひこねし》(滋賀県)、津市《つし》(三重県)の4つの都市で作成したよ。
翔太	これはそれぞれどの都市なの？
花子	しまった。どの都市かについて書くことを忘れていたよ。奈良市の柱状グラフは [B] になるね。
翔太	奈良市は８月の降水量が一番多いみたいだ。
花子	８月は急に土砂降《どしゃぶ》りになることや、台風がくることがあるからかもしれないね。
翔太	確かに、①８月12日のデータを見ると１日で 77mm もの大雨が降っているね。
花子	そういえば、②大雨が降る日って昔より増えてきている気がしない？
翔太	地球温暖化の影響《えいきょう》があるのかもしれないね。

(1) 次の[表１]は奈良市と新潟市の2021年の降水量のデータです。[A] に入る適切な数値を答えなさい。ただし、小数第一位を四捨五入して整数で答えること。

[表１] 2021年の降水量（気象庁のデータより作成）

月	１月	２月	３月	４月	５月	６月	７月	８月	９月	10月	11月	12月
奈良市（mm）	71	53	121	160	202	117	224	307	176	58	71	86
新潟市（mm）	248	98	78	110	114	85	227	164	122	153	283	275

(2) 次の[図１]の**ア～エ**は、花子さんが作成した４つの都市の柱状グラフです。[B] に当てはまる記号を以下の**ア～エ**から１つ選び、答えなさい。

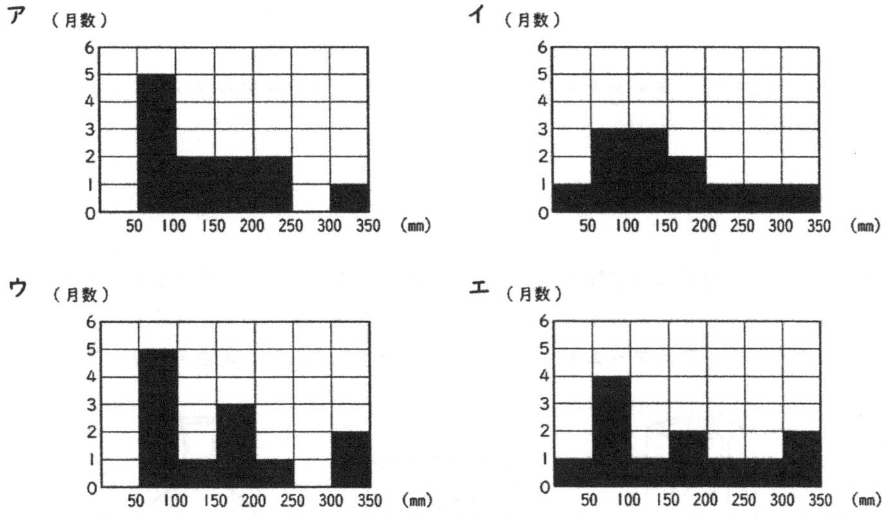

[図１] 2021年の４都市の降水量の柱状グラフ（気象庁のデータより作成）

(3) 下線部①について、[図２]は８月12日の午前０時から４時間おきにそれぞれの時刻までの降水量を表したグラフです。以下の**ア～エ**から最も雨の降った時間帯を１つ選び、記号で答え、その理由を説明しなさい。

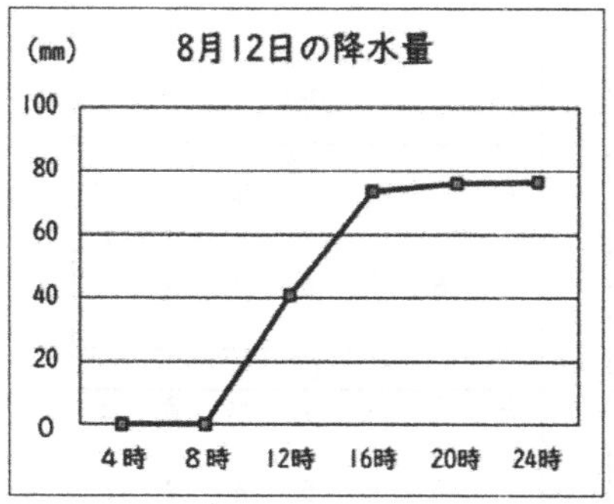

ア ８時～12時
イ 12時～16時
ウ 16時～20時
エ 20時～24時

[図２] 2021年８月12日の奈良市の降水量（気象庁のデータより作成）

(4) 下線部②について調べるために、２人は年間で 50mm 以上の雨が降った日数を数えて1960年から2020年までグラフを用いて比較しようと考えました。その際に用いるグラフとして、最も適切なものを以下の**ア～エ**から１つ選び、記号で答えなさい。

ア 円グラフ　**イ** 帯グラフ　**ウ** 折れ線グラフ　**エ** 柱状グラフ(ヒストグラム)

問題は、次のページに続きます

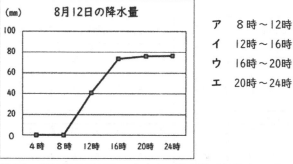

4 翔太《しょうた》さんは奈良県のある場所を歩いていると、不思議なことに気がつきました。次の［　　　］は翔太さんと農家の人の会話文です。以下の各問いに答えなさい。

翔太　畑の野菜ってまっすぐな列で植えられているような気がします。なぜでしょう。

農家　野菜を植える前に、畑の土をまっすぐに盛って「畝《うね》」をつくるからです。

翔太　まっすぐの「畝」に種をまいているから野菜もまっすぐな列で育つのですね。

農家　また、私のところではほとんどの「畝」を南北の方向にまっすぐになるようにつくっています。これは［ A ］ためです。

翔太　なるほど。植物の成長には光が必要ですものね。では、向こうに見えるビニールハウスではどのような植物を育てているのですか。

農家　ビニールハウス内ではキクの花を育てています。キクの花は秋にさくのですが、ある性質をもつので開花時期を調節することができます。日が沈《しず》む直前にハウスの天井《てんじょう》に取り付けた電球をつけて育てることで、本来なら秋にさくキクの花をさかせないようにすることができます。

翔太　植物の性質を知ることで様々なことに応用できるのですね。家で育てているアサガオにも、何か特徴的《とくちょうてき》な性質があるのかな。調べてみよう。

(1) 会話文中の［ A ］に当てはまる文を次の**ア**～**エ**から１つ選び、記号で答えなさい。ただし、土地は平坦《へいたん》で、風による影響《えいきょう》は考えないものとします。

ア　太陽が東からのぼり南の空を通って西に沈んでいくことから、野菜が影《かげ》になる時間帯を少なくする
イ　太陽が東からのぼり南の空を通って西に沈んでいくことから、野菜が影になる時間帯を多くする
ウ　太陽が東からのぼり北の空を通って西に沈んでいくことから、野菜が影になる時間帯を少なくする
エ　太陽が東からのぼり北の空を通って西に沈んでいくことから、野菜が影になる時間帯を多くする

(2) 翔太さんは、畑全体を見ると東西の方向に畝が並んだ場所があり、その場所では北側に背の高い植物が植えられ、南側に背の低い植物が植えられていることに気がつきました。農家の人の話によると、そのように植えることでどの植物もそろって成長しやすくなるそうです。北側に背の高い植物を植え、南側に背の低い植物を植えることでどの植物も成長しやすくなる理由を答えなさい。ただし、土地は平坦で、畑の状態はどの場所も均一で、風による影響は考えないものとします。

(3) 翔太さんは、家で育てているアサガオの種子に、発芽するものとしないものがあったことを思い出し、アサガオの種子の発芽には「空気」と「水」がどちらも必要だと予想しました。そこで、予想を確かめるために、図１のようにしめらせただっし綿の上にアサガオの種子を置き、だっし綿がかわかないようにして発芽の条件を調べる実験を行いました。数日後に発芽したことから、翔太さんは予想が正しかったと考えました。しかし、この実験だけでは翔太さんの予想が正しかったと言うことはできません。アサガオの種子の発芽には「空気」と「水」が必要かどうかを確かめるために、どのようなものを用意して図１と比べる必要があるでしょうか。「空気」と「水」のそれぞれについて、必要かどうかを確かめるために図１と比べるものを図と文章で答えなさい。ただし、実験は同じ温度で行うものとします。

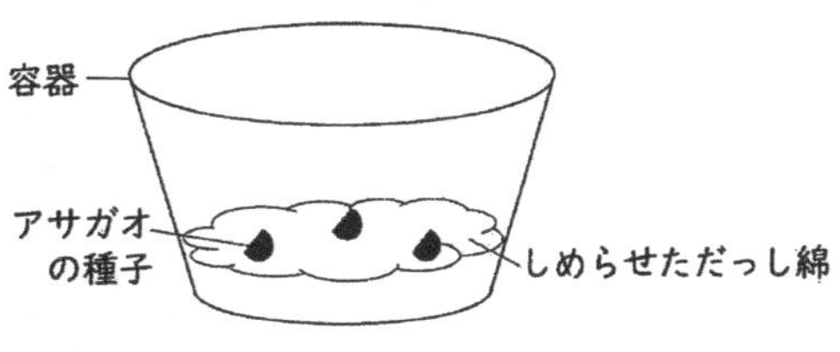

［図１］

(4) 翔太さんは、家の様々な場所で育てていたアサガオを観察していたところ、花がさいている鉢《はち》とさいていない鉢があることに気がつきました。温度も水やりの条件もほぼ変わらなかったので、光による影響があったのではないかと考えました。花がさいていないアサガオの鉢を４つ用意し、図２のように光の条件だけを変え、アサガオの花がさくかどうかの実験を繰《く》り返して行いました。実験①は０時から８時までは光を当てて育て、８時から24時までは光を当てずに育てたということを示しています。実験②～④も同様に実験を行いました。表１は実験結果をまとめたものです。アサガオはキクと同じような性質をもっているものとして、農家の人との会話文と以下の図２と表１から、アサガオが花をさかせるためにはどのような条件が必要だと考えられるでしょうか。最も適切なものを、後の**ア**～**エ**から１つ選び、記号で答えなさい。

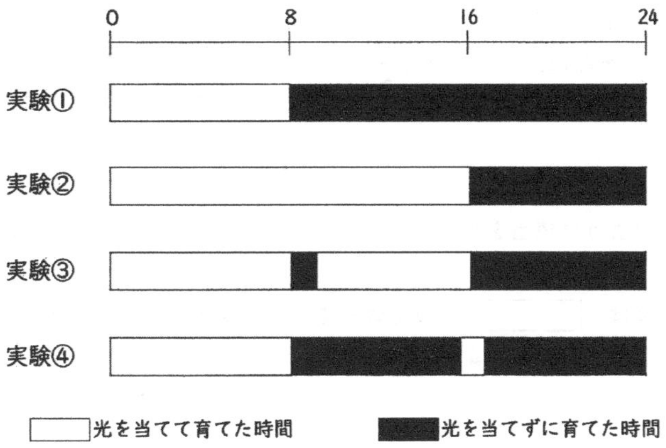

［図２］

［表１］

	花がさいたかどうか
実験①	さいた
実験②	さかなかった
実験③	さかなかった
実験④	さかなかった

ア　アサガオの花がさくためには、１日につき光が当たる時間が連続して一定以上ある環境《かんきょう》が必要である。
イ　アサガオの花がさくためには、１日のうちで光の当たる時間が光の当たらない時間より長くなる環境が必要である。
ウ　アサガオの花がさくためには、１日のうちで光の当たらない時間が光の当たる時間より長くなる環境が必要である。
エ　アサガオの花がさくためには、１日につき光が当たらない時間が連続して一定以上ある環境が必要である。

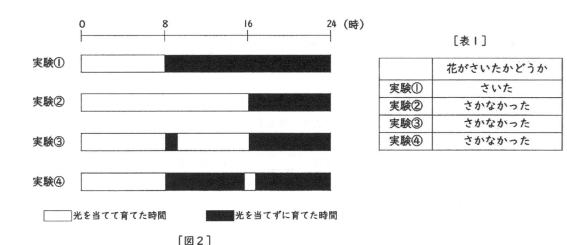

5　翔太さんは、年末に家でそうじをしていたときに、気になったことがあったので先生に質問してみることにしました。次の□は２人の会話文です。以下の各問いに答えなさい。

翔太	クエン酸水溶液《すいようえき》を作ってそうじをしていたら、置いてあった重曹《じゅうそう》の粉にクエン酸水溶液がかかってしまい、泡《あわ》が発生しました。これは何という気体が発生したのでしょうか。
先生	では、クエン酸水溶液と重曹をまぜると、どんな気体が発生するのか確かめてみましょう。

【実験１】

水100mLをはかり入れたビーカーにクエン酸５gを加えて、ガラス棒でよくかきまぜる。次に、図１のような装置を作って、重曹５gと作ったクエン酸水溶液をまぜて、発生する気体をびんに集める。最初にガラス管から出てきた気体を集めず、しばらくしてからびんに集める。その後、びんに石灰水《せっかいすい》を加えて、よくふる。

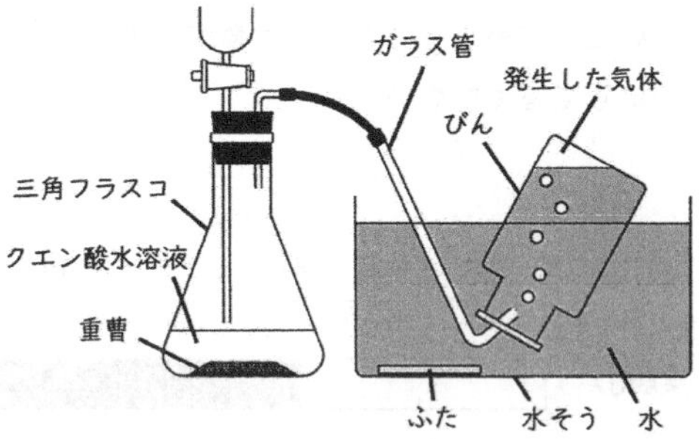

［図１］

（1）実験１の下線部について、翔太さんは次のように理由を考えました。次の文中の空らん□に入る適切な内容を、８字以上で答えなさい。

理由：最初にガラス管から出てくる気体は、□を多く含《ふく》んでおり、調べたい気体があまり含まれていないため、しばらくしてからびんに集める。

以下は実験１が終わった後の会話です。

翔太	石灰水が白くにごったので、発生した気体は二酸化炭素ですね。
先生	よくわかりましたね。クエン酸と重曹が反応することで、二酸化炭素が発生するのです。
翔太	ところで先生、重曹の量をさらに増やしていくと、発生する気体の量もどんどん増えていくのでしょうか。あと、三角フラスコが少し冷たくなっているんですが、これはなぜでしょうか。
先生	たくさん疑問がわいてきましたね。では、次の実験で確かめてみましょう。

【実験２】

ビーカーを６つ用意する。すべてのビーカーに25℃の水200mLとクエン酸６gを加えてガラス棒でかきまぜて溶《と》かす。これを水溶液①～水溶液⑥として、重さと水温をそれぞれ測定する。次に重曹を２g、４g、６g、８g、10g、12gはかり、水溶液①～水溶液⑥にそれぞれ加える。その後、気体が完全に発生し終えたときの水溶液の重さと水温をそれぞれ測定する。

（2）実験２において、発生した気体はビーカーの外へ出ていくので、発生した気体の分だけ重さが減ります。どのようにすれば発生した気体の重さを求めることができますか。次の３つの語句を必ず使用して、説明しなさい。

語句
・クエン酸水溶液の重さ
・重曹の重さ
・気体発生後の水溶液の重さ

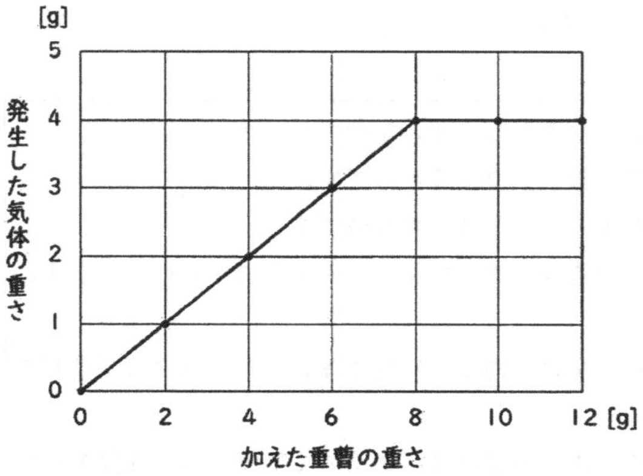

［図２］

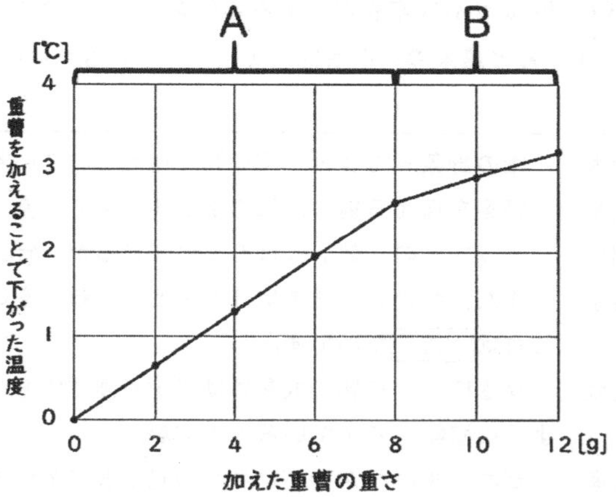

［図３］

（3）図２は実験２について、加えた重曹の重さと、発生した気体の重さとの関係を示したものです。実験２および図２からわかることについて述べた次のア～オの文章のうち、まちがっているものを１つ選び、記号で答えなさい。

ア　加えた重曹の重さが０g～８gの範囲《はんい》では、加えた重曹の重さと発生した気体の重さは比例する。

イ　加える重曹をいくら増やしても、発生する気体の重さの最大値は４gであり、それ以上気体は発生しない。

ウ　水の体積を２倍にして、実験２と同様の操作を行うと、発生する気体の重さの最大値が２分の１となる。

エ　クエン酸の重さを２分の１にして、実験２と同様の操作を行うと、発生する気体の重さの最大値が２分の１となる。

オ　気体を８g発生させるためには、クエン酸12gを水400mLに溶かして、重曹16gをまぜればよい。

（4）図３は実験２について、加えた重曹の重さと、重曹を加えることで下がった温度との関係を示したものです。図３から、重曹だけを水に加えて溶かしたときの水の温度はどのようになると予想できますか。また、それは図３のグラフのA、Bのどちらの部分から判断できますか。表１の中から正しい組み合わせを１つ選び、ア～カの記号で答えなさい。なお、実験２において加えた重曹はすべて溶けたものとします。

［表１］

記号	水の温度	グラフの部分
ア	上がる	A
イ	上がる	B
ウ	下がる	A
エ	下がる	B
オ	変わらない	A
カ	変わらない	B

令和４年度

奈良県立青翔中学校入学者選抜検査問題

適性検査Ｉ

（40分）

注　意

１　指示があるまで開いてはいけません。

２　解答用紙は、２枚あります。それぞれに、受検番号を忘れないように書きなさい。

３　解答用紙の※印のところには、何も書いてはいけません。

４　答えは必ず解答用紙に書きなさい。

受検番号

令和4年度　奈良県立青翔中学校入学者選抜検査

適性検査Ⅰ　解答用紙

（一枚目）

※100点満点

※

合計
※

問題番号	一							
	（一）	（二）	（三）	（四）	（五）	（六）	（七）	（八）
答え			時代		資料4 資料5		↓ ↓	140字　120字
採点								

（一）４点
（二）５点
（三）６点
（四）３点
（五）10点
（六）４点
（七）７点
（八）11点

小計
※

受検番号

令和4年度　奈良県立青翔中学校入学者選抜検査

適性検査Ⅰ　解答用紙

（二枚目）

問題番号	二						
	（一）	（二）	（三）	（四）	（五）	（六）	（七）
答え			「　　」人たち		CPUを増やすために		200字　160字
採点							

※

（一）6点
（二）4点
（三）6点
（四）4点
（五）6点
（六）4点
（七）20点

小計
※

一

翔太《しょうた》さんと花子さんのクラスでは、修学旅行で訪《おとず》れる予定の富山県について、学習を進めています。各問いに答えなさい。

(一) 資料1は、二人がかいた富山県の地図です。二人は富山県とこれまで学習した奈良県の様子を比較《ひかく》することで共通点を考えることにしました。共通することとして、正しいものを**ア**～**エ**から一つ選び、その記号を書きなさい。

ア 両県とも標高百メートル（青翔中学校の標高は、ほぼ百メートル）以上の土地は、県面積の半分以上を占《し》める。
イ 両県とも河川《かせん》のほとんどは、ほぼ北方向へ流れる。
ウ 両県とも県庁所在地に、新幹線が開通している。
エ 両県とも海に面し、古代から物資の運搬《うんぱん》で栄えた。

〔資料1〕

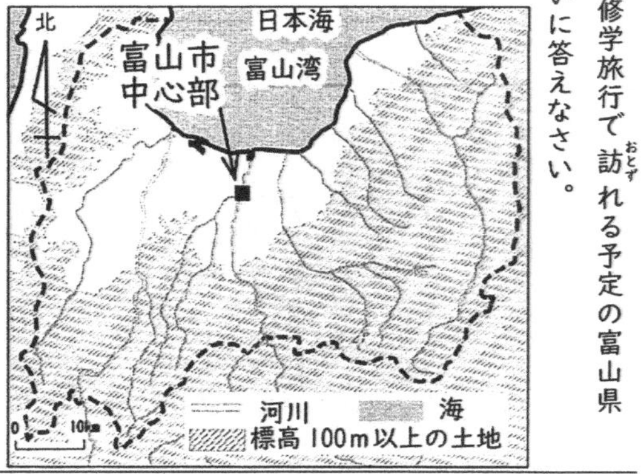

(二) 二人は、源氏と平氏の合戦の主な戦いの一つが、富山県と石川県の県境で起こったことを知りました。この戦いの名称《めいしょう》として正しいものを**ア**～**エ**から一つ選び、その記号を書きなさい。

ア 長篠《ながしの》の戦い
イ 壇ノ浦《だんのうら》の戦い
ウ 倶利伽羅峠《くりからとうげ》の戦い
エ 関ケ原《せきがはら》の戦い

(三) 二人は、水墨画《すいぼくが》を完成させた雪舟《せっしゅう》が富山県を訪れていたことを知りました。雪舟が活躍《かつやく》した時代の名称を書きなさい。

(四) 二人は、明治時代に海外から多くの人が日本にやってきた後、日本各地を訪れていることを知りました。二人が作成した資料2は、海外からやってきた四人の人物**A**～**D**の主要な滞在先《たいざいさき》への経路を、東京を起点として矢印で表現しています。富山県を訪れたと考えられる人物を、資料2中の**A**～**D**から一つ選び、その記号を書きなさい。

〔資料2〕

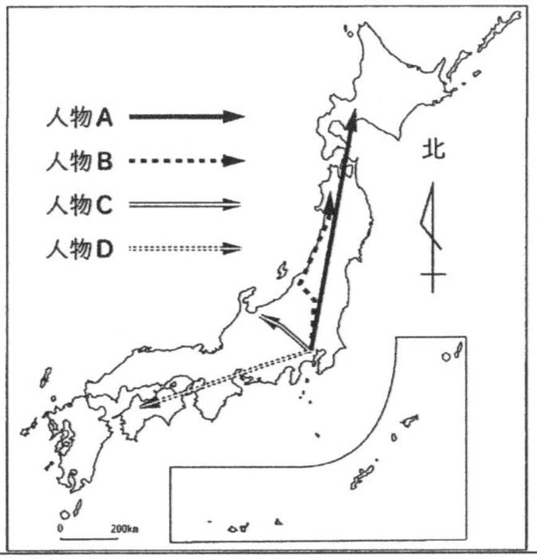

(五) 資料3は、二人が富山県富山市について調べたことを古い順に並べたものです。資料4と資料5は、富山駅周辺の土地活用を示した地図です。資料4と資料5は、資料3中の**ア**～**エ**のいずれの期間の地図と考えられますか。**ア**～**エ**から一つずつ選び、その記号を書きなさい。

〔資料3〕

●神通川支流右岸にある富山城址《じょうし》に、県庁がつくられた。
↔ **ア**
●富山駅から北へ向かう鉄道が開業した。
↔ **イ**
●アメリカ軍の空襲《くうしゅう》により大きな被害《ひがい》を受けた。神通川支流の河川敷《かせんしき》を埋《う》め立《た》て、堤防《ていぼう》をなくした。
↔ **ウ**
●富山駅の北に、環水公園が整備され、文化ホールが建設された。
↔ **エ**
●北陸新幹線富山駅が開業した。

〔資料4〕

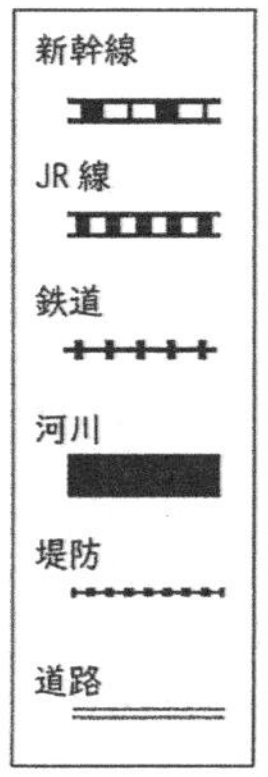

〔資料5〕

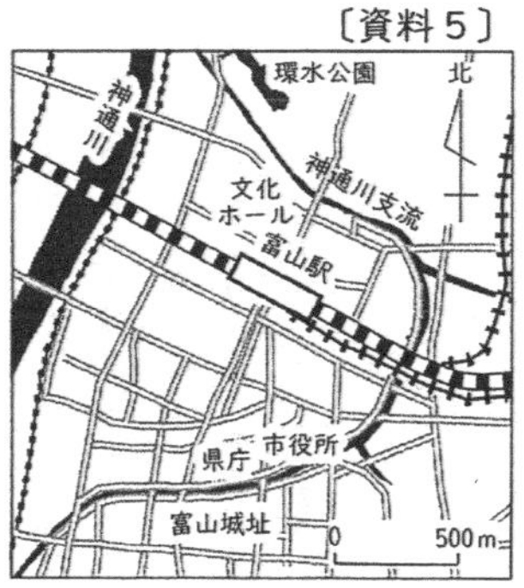

(六) 二人は、修学旅行で富山市役所を訪れ、市議会の議場を見学することになりました。市議会の仕事として適切でないものを**ア**～**エ**から一つ選び、その記号を書きなさい。

ア 市の仕事が正しく行われているか調査する。
イ 国や県に意見書を出す。
ウ 条例を制定、改正、廃止《はいし》する。
エ 法律が憲法に違反《いはん》していないかを判断する。

(七) 次の地図**ア**～**ウ**は、1969年、1994年、2018年のいずれかにおける富山県の市町村別製造品出荷額《しゅっかがく》の分布を示しています。**ア**～**ウ**を古い順に並べかえ、記号で書きなさい。なお、富山県は行政規模の適正化を目指し複数の市町村が合併《がっぺい》しました。

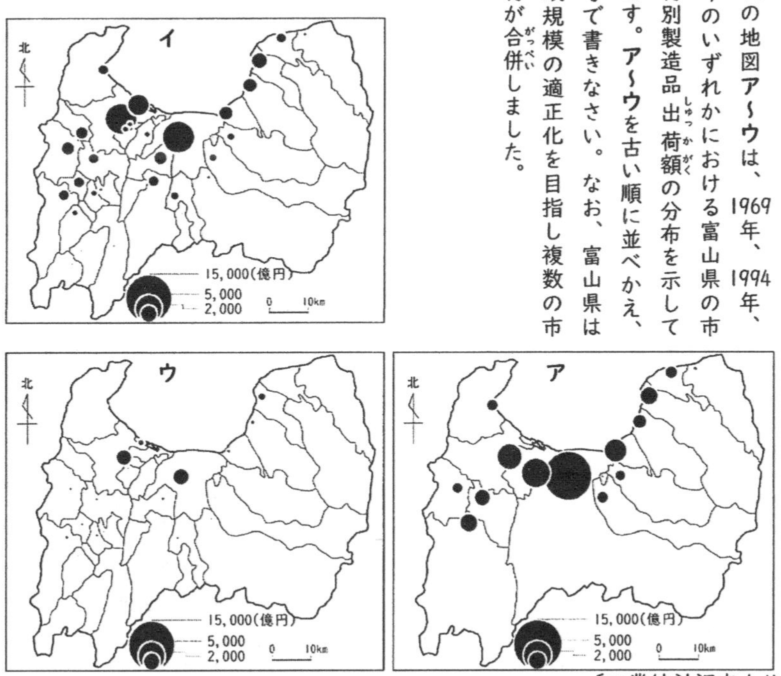

〔工業統計調査より〕

(八) 資料6は、新潟県、富山県、石川県、福井県、奈良県の業種別製造品出荷額の割合を、四業種（「窯業《ようぎょう》・土石製品」、「化学工業品」、「繊維《せんい》工業品」、「食料品」）と「その他」に分類して作成したものです。富山県の製造品出荷額の割合から「その他」を除いた四業種のうち、第一位と第二位の業種名を示し、それらを比較して、資料から分かる特徴《とくちょう》を書きなさい。また、富山県の製造品出荷額第二位の業種（その他を除く）の割合が、富山県以外の四県の中で最も高い県を探し、探した県名を示した上で、その県の製造品出荷額第一位と第二位の業種名（その他を除く）を示し、それらを比較して、資料から分かる特徴を書きなさい。ただし、百二十字以上百四十字以内で書くこと。

〔資料6〕

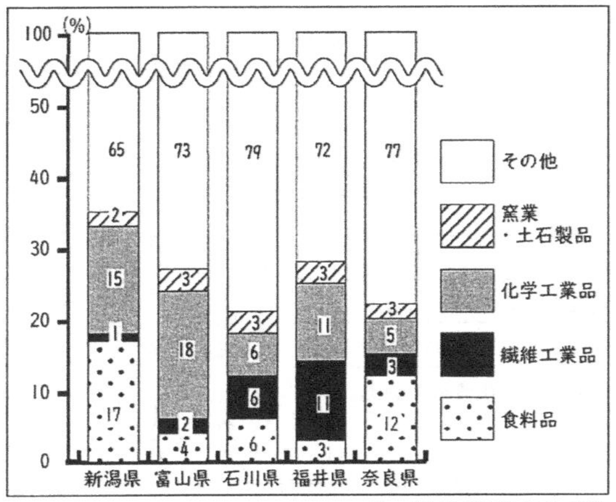

〔工業統計調査より〕

二　次の1、2の文章を読み、後の各問いに答えなさい。

1　二〇二〇年六月に日本のスーパーコンピュータ「富岳《ふがく》」が、スパコンランキングにおいて、世界一位を獲得《かくとく》しました。次の文章は「富岳」開発のリーダーである石川裕《ゆたか》博士のインタビュー記事の一部です。

「富岳」は完成前の二〇二〇年六月に一秒間に四十一京《けい》回以上、同じ年の十一月に四十四京回以上の計算をできることを示して、①計算速度が世界一位であることが認められました。一秒間に四十四京回以上の速さ、といわれても、想像できませんよね。日本に住む一億二〇〇〇万人の全員が、一秒間に一回、二十四時間寝《ね》ないで計算を続けたとしても百年以上かかる量の計算を、「富岳」はたった一秒でできるのです。

その高速計算の秘密は仕事の分担です。たくさんの荷物を運ぶ仕事でも、多くの人で分担すればすぐに終わらせることができますよね。同じように、「富岳」では大量の計算を約十六万個の小さなCPUという計算装置に分担させることで、高速に計算ができるのです。

私たちが「富岳」について考え始めたのは二〇一〇年。理研で「富岳」の前のスパコン「京」がつくられていたころです。「京」の次はどんなスパコンをつくるべきか議論を重ねました。そして、計算速度が速いだけでなく、②世の中のさまざまな問題の解決に役立つ、使いやすいスパコンをめざすことにしました。それには、いろいろな種類のアプリを使えるようにしなければなりません。

スパコンをゲーム機に例えてみましょう。ゲームといっても格闘《かくとう》やレース、冒険《ぼうけん》やパズルなど、いろいろな種類がありますね。格闘のような激しい動きのあるゲームには、高い計算能力と画像を動かす優《すぐ》れた能力が求められます。そのためゲーム機の価格は高くなり、消費電力も増えてしまいます。一方、パズルなど激しい動きがあまりないゲームは、高い計算能力も画像を動かす能力もそれほど必要ありません。ゲーム機をつくる人たちは、価格と消費電力をできるだけ抑《おさ》えるとともに、格闘からパズルまで幅《はば》広いゲームアプリを使えるようにゲーム機を設計する。一方、アプリをつくる人たちは、計算能力をあまり使わないでも激しい動きを描《えが》けるようにゲームアプリを設計する。そのような形でゲーム機をつくる人とアプリをつくる人が相談しながら設計を進めれば、きっといいものができます。

さらに A の意見をよく聞いて、これからどんなゲームが求められるのかを予想しながら、ゲーム機をつくる人たちといろいろな種類のゲームアプリをつくる人たちがいっしょになって開発を進めれば、みんなが使いやすいゲーム機になるにちがいありません。

私たちは、スパコンをつくる人とスパコンで動かすアプリをつくる人がいっしょになって「富岳」を開発してきました。実際に「富岳」をつくる計画が始まったのは二〇一四年。二十以上のグループに分かれて、理研の研究者や実際にスパコンの機械をつくるメーカーの人たちが月に何回も集まって話し合いながらいっしょに設計を進めました。「富岳」計画のリーダーを務める私は、二十以上のグループの会議のすべてに出席して、全体をまとめていきました。来る日も来る日も会議という生活を何年も重ねていったのです。そしていろいろな問題を解決するためのアプリを「富岳」ですぐに使えるように準備を進めました。

「富岳」は、さまざまな分野の人たちに本格的に利用してもらう予定です。経済やエネルギー、地球環境《かんきょう》など、社会のさまざまな課題を解決するために「富岳」は役立てられます。私たちの暮らしが続くかぎり、そうした課題は次々と出てくるでしょう。きっと将来は「富岳」よりも、もっとすごいスパコンが必要になります。「富岳」の開発を進めてきた人たちは、十年後のスパコンについてもすでに③考え始めています。「富岳」は約十六万個のCPUで計算を分担しています。CPUの数をもっともっと増やせば、もっともっとすごいスパコンになると思うでしょう。ところが、そううまくはいきません。CPUの数を増やすにはCPUを小さくする必要があるのですが、CPUを今以上に小さくすると、電線の幅が原子数個分と狭《せま》くなりすぎて電気が設計どおりに流れなくなり、うまく計算ができなくなるからです。十年後のスパコンには、たくさんのCPUに分担させるのとは別の方法で、さまざまな計算を高速で行うことができる、新しい方式が求められているのです。

私は子どものころからコンピュータに興味を持ち、高校生のころには「チェスの名人に④勝てるコンピュータをつくりたい」と友だちに言っていました。四十年以上も前のことです。当時は、それが未来の夢だったのです。今では、チェスだけでなく将棋《しょうぎ》や囲碁《いご》の名人もコンピュータに勝てなくなりました。

みなさんは、どんなスパコンがあればいいと思いますか？未来のスパコンをつくるのは君たちです！

（「理研の博士に聞いてみよう！Vol．7」による）

（注）**スーパーコンピュータ**＝普通のコンピュータよりはるかに計算が速いコンピュータのことで、略してスパコンという。
理研＝理化学研究所。一九一七年に創設された自然科学の総合研究所。
四十一京＝四十一万×一兆
CPU＝中央演算処理装置。
アプリ＝目的にあった作業をする応用ソフトウェアのこと。

2　**次の文章は、1の文章を読んだ先生と翔太さんの会話文です。**

翔太　「富岳」を開発するのに二十以上のグループで話し合いがされたとありますが、たくさんの人と取り組んでいるのですね。

先生　スパコンの作り手と使い手がいっしょになって開発したのです。限られた専門家だけではなく、実際の利用者も幅広く関わって、会議は一二〇〇回ほども行われたようですよ。いろいろな業種の人たちと協力することが開発には必要だったのですね。

翔太　「富岳」はどんなことに活用できるのですか。

先生　「富岳」は「コンピュータシミュレーション」が得意です。これはコンピュータ上に、仮想的なモデルを組み立て、様々な条件のもとで、その様子を観察するものです。実際に実験を行うことが難しい状況でも、コンピュータ上に再現し、検証することが可能になります。ですから下の表のような様々な分野で活用できます。

翔太　それが、富士山の裾野《すその》のように広い分野で活用できるということですね。

先生　その通りです。社会の問題の解決や、科学の進歩を目指すことに広く活用できますね。

表　「富岳」でできること

何のため	活用の例
1「健康長寿《ちょうじゅ》社会の実現」	病気の早期発見と予防。新薬の開発。
2「防災・環境問題」	天気予報の技術を向上。地震《じしん》の予測。
3「エネルギー問題」	クリーンエネルギーシステムの実用化。
4「産業競争力の強化」	工場での生産の効率化。新素材の開発。
5「基礎《きそ》科学の発展」	宇宙の起源などの解明。

（一）――線部①「計算速度が世界一位であることが認められました」とありますが、「富岳」が世界一位と認められるほど、高速で計算できるのはなぜですか。その理由をわかりやすく説明しなさい。

（二）――線部②「世の中のさまざまな問題」を具体的に言いかえているところを文章中から二十六字でぬき出して書きなさい。ただし句読点は字数に含みます。

（三）A にはどのような人たちが当てはまりますか。2の会話文を手がかりにして、「～人たち」に続くように答えなさい。

（四）1の文章の述べ方の特色として当てはまらないものを次のア～エから一つ選び、その記号を書きなさい。

ア　身近なものを例に挙げ、読者がイメージしやすいように述べている。
イ　博士の夢を示し、読者も挑戦する気持ちになるように述べている。
ウ　具体的な数値を用い、情報がわかりやすく伝わるように述べている。
エ　海外のものと日本のものとの違いを示し、比べながら述べている。

（五）――線部③「CPUの数をもっともっと増やせば、もっともっとすごいスパコンになる」とありますが、CPUの数を増やすことで生じる問題点は何ですか。「CPUを増やすために」の後に続くように、文章中の言葉を使って四十五字以内で書きなさい。

（六）――線部④「勝」と同じ部首の漢字はどれですか。次のア～オから当てはまるものを全て選び、その記号を書きなさい。

ア　服　**イ**　朝　**ウ**　望　**エ**　努　**オ**　勇

（七）あなたなら、「富岳」を何のためにどのように活用したいですか。また、そのためにはどのような人との協力が必要だと思いますか。次の1、2の条件に従って作文しなさい。

条件1　原稿《げんこう》用紙の使い方に従って、百六十字から二百字以内で、二段落構成で書きなさい。ただし、題、自分の名前は書かないこと。「表『富岳』でできること」を参考にして書くこと。

条件2　第一段落には、「富岳」を何のためにどのように活用するかを具体的に書き、第二段落には、どのような人との協力が必要か、考えられる人をできるだけ多く書きなさい。

令和４年度

奈良県立青翔中学校入学者選抜検査問題

適性検査２

（40分）

注　　意

1　指示があるまで開いてはいけません。

2　解答用紙は、２枚あります。それぞれに、受検番号を忘れないように書きなさい。

3　解答用紙の※印のところには、何も書いてはいけません。

4　答えは必ず解答用紙に書きなさい。

受検番号	

※

合計	※

※150点満点

令和４年度

奈良県立青翔中学校入学者選抜検査

適性検査２

解　答　用　紙

（１枚目）

問題番号		答え					採点
1	(1)	ア		イ		ウ	
	(2)	分数 説明					
	(3)						
	(4)						
2	(1)						
	(2)	ア		イ			
		ウ		エ			
		オ		カ			

1
(1)３点×３
(2)分数…４点　説明…６点
(3)４点
(4)５点

2
(1)４点
(2)３点×３
(3)曜日…４点　説明…６点

3
(1)ア～ウ．３点×３
　エ．５点
(2)面積…４点　説明…６点

小計	※

問題番号		答え					採点
2	(3)	曜日 木曜日　日曜日　他の曜日 説明					
3	(1)	ア		イ		ウ	
		エ					
	(2)	面積 説明					

受検番号	

※

小計	※

令和４年度

奈良県立青翔中学校入学者選抜検査

適性検査２

解　答　用　紙

（２枚目）

4
⑴10点
⑵10点
⑶５点
⑷５点×２

5
⑴８点
⑵８点
⑶８点
⑷８点
⑸８点

問題番号		答　え		採　点
4	(1)	〔方法〕		
		〔結果〕		
	(2)			
	(3)			
	(4)	（い） 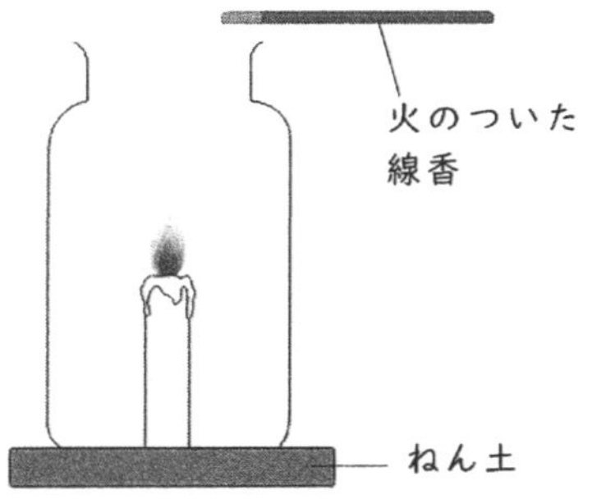	（う） 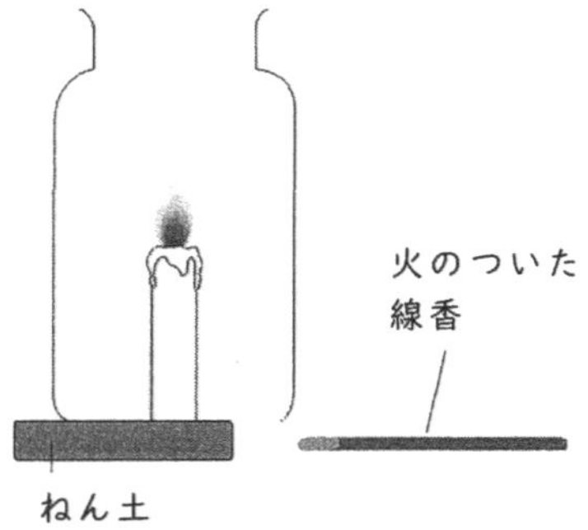	

問題番号		答　え		採　点
5	(1)	（古いもの）　→　→　（新しいもの）		
	(2)			
	(3)			
	(4)			
	(5)	A	B	
		C		

1　翔太《しょうた》さんと花子さんは、数直線を何本もかき、それぞれの数直線上の０と１の間に下の図のような規則性に従って分数をかいていきました。下の図は、そのうちの１本目から３本目までの図です。ただし、分数の数え方は$\frac{1}{2}$を１個目、$\frac{1}{3}$を２個目、$\frac{2}{3}$を３個目と数えることとし、その次の分数も同じように数えることとします。０や１は分数には含《ふく》みません。また、数直線上にかかれた分数は約分しないで表すこととします。後の各問いに答えなさい。

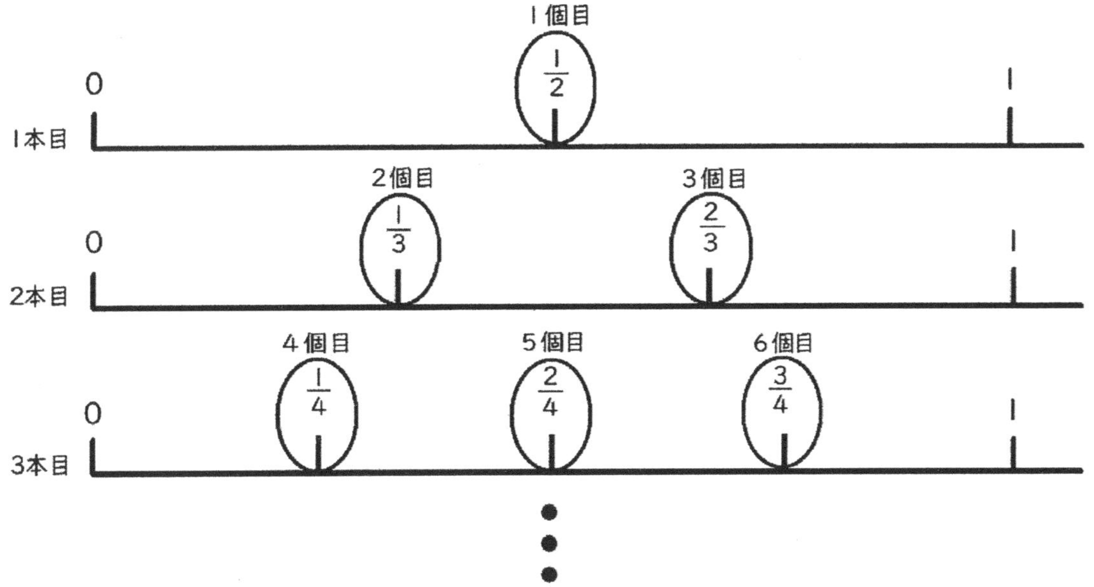

(1) 次の［　　］内は数直線上にならぶ０と１の間の分数の個数についての翔太さんと花子さんの会話です。この会話を読んで、［ア］～［ウ］にあてはまる数を答えなさい。

翔太	$\frac{1}{2}$から数えはじめて出てくる分数の個数が全部で50個をこえるためには、数直線は何本必要だろう。
花子	４本目の数直線までに出てくる分数の個数は全部で［ア］個になっているね。
翔太	［イ］本目の数直線までに出てくる分数の個数は全部で45個になるよ。
花子	そうすると、数直線が［ウ］本のとき、出てくる分数の個数は全部で50個をこえるんだね。

(2) 62個目に出てくる分数を答えなさい。また、そのときの考え方を説明しなさい。

(3) 数直線上にかかれた分数のうち、分母が８である分数の和を求めなさい。ただし、０や１は分数には含みません。

(4) ひとつの数直線上にかかれた分数の和が10になるのは分母がいくつのときですか。ただし、０や１は分数には含みません。

2　翔太さんと花子さんが店で買い物をしようとしています。次の各問いに答えなさい。ただし、この問題では消費税は考えません。

(1) 店では、80円、120円、150円、180円の４種類のノートが売られています。翔太さんは、４種類のノートの中から２種類を１冊《さつ》ずつ選んで買うことにしました。全部で何とおりの買い方がありますか。

(2) 花子さんは、80円のノートと120円のノートを合わせて、合計800円になるように買うことにしました。80円のノートと120円のノートをそれぞれ１冊以上買うとき、合計800円になる買い方は３とおりあります。ノートはそれぞれ何冊ずつ買いますか。表の［ア］～［カ］にあてはまる数を答えなさい。

	80円のノート	120円のノート
１とおり目	［ア］冊	［イ］冊
２とおり目	［ウ］冊	［エ］冊
３とおり目	［オ］冊	［カ］冊

(3) ノートの買い物を終え、花子さんはお店で以下のようなチラシを見つけました。学校の授業で使うためにねん土を 1.5kg買いたいと思っています。もっとも安く買うことができるのは木曜日、日曜日、他の曜日のうち、どの曜日ですか。解答らんの曜日を丸で囲み、考え方を説明しなさい。

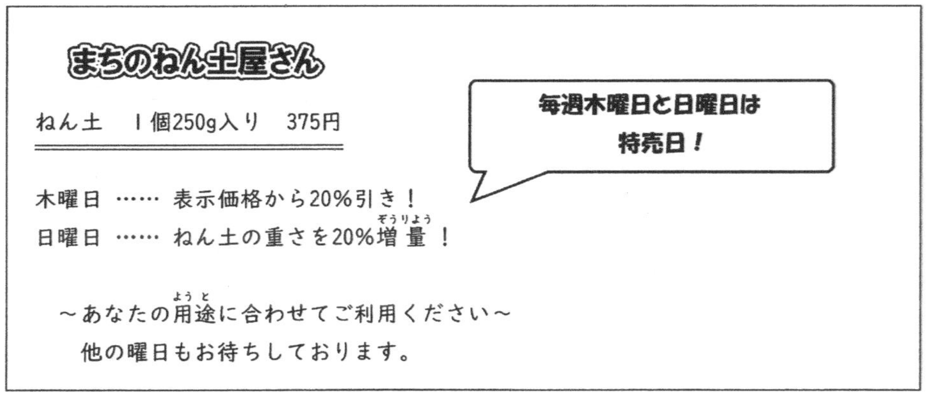

まちのねん土屋さん
ねん土　１個250g入り　375円

木曜日 …… 表示価格から20％引き！
日曜日 …… ねん土の重さを20％増量《ぞうりょう》！
～あなたの用途《ようと》に合わせてご利用ください～
他の曜日もお待ちしております。

3 翔太さんと花子さんと先生が、直径の長さと円周の長さの関係を調べています。３人の会話文を読んで、後の各問いに答えなさい。ただし、図１の正六角形は外側の円にぴったり入っています。図２の円は外側の正方形にぴったり入っています。図３の円は外側の正方形に、内側の正方形は外側の円にぴったり入っています。

翔太　図１を見てください。円を使ってかいた正六角形のまわりの長さは円の半径の長さの [ア] 倍で、円の直径の長さの [イ] 倍だね。だから、円周の長さは円の直径の長さの [イ] 倍より長くなるんだね。

花子　それでは次に図２を見てください。円の外側にかいた正方形も同じように考えてみると、正方形のまわりの長さは円の直径の長さの [ウ] 倍だから、円周の長さは [　　エ　　] 。

先生　円周の長さが直径の長さの何倍になっているかを表す数を円周率といい、計算ではふつう3.14を使いますね。

花子　いろいろな円の面積の求め方も考えてみたくなりました。

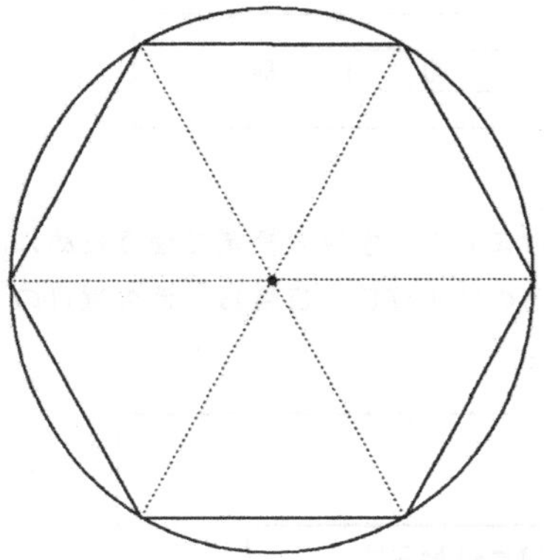

図１

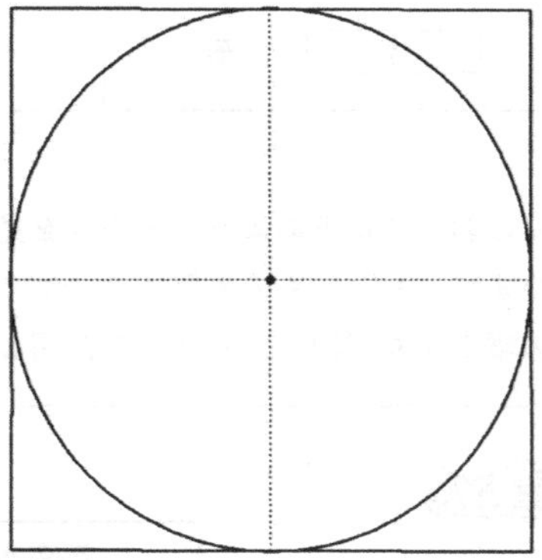

図２

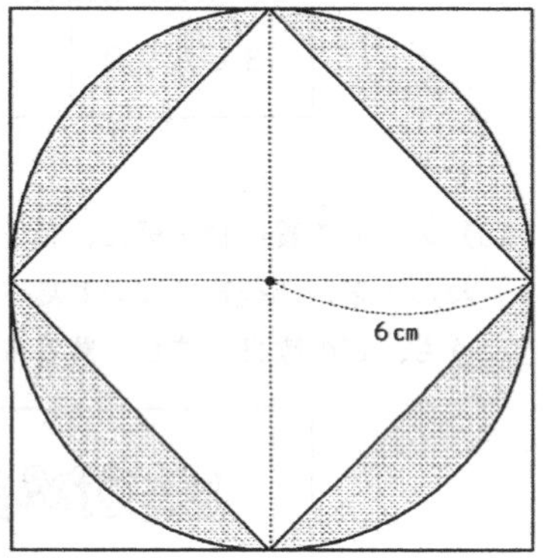

図３

(1) [ア] ～ [ウ] に入る数を答えなさい。また、翔太さんの説明を参考にして、 [エ] にあてはまる説明を答えなさい。

(2) 図３の円の半径を６cm、円周率を3.14とし、図３の色のついた部分の面積を求めなさい。また、求め方を説明しなさい。

問題は、次のページに続きます

4 翔《しょう》太《た》さんは、学校で学習した、物が燃えるしくみについて興味をもちました。次の［　　］内は、ろうそくの燃え方についての翔太さんと先生の会話です。後の各問いに答えなさい。

先生　図１のようにびんに火をつけたろうそくを入れ、ふたをします。しばらくすると、ろうそくの火は消えてしまいました。びんの中のろうそくの火はなぜ消えたのでしょう。

翔太　ろうそくが燃えると酸素が使われて、A二酸化炭素ができたので消えたのだと思います。

先生　そうですね。でも酸素がすべて使われるわけではないのですよ。図２を見てください。これはろうそくが燃える前と、ろうそくが燃えた後のびんの中の気体の体積の割合です。

翔太　本当だ。酸素の割合は減ったけれど、なくなっていないです。

先生　そうですね。では、４つのびんを用意し、酸素と二酸化炭素を使って、それぞれのびんの中に入れる気体の体積の割合を変えて、火のついたろうそくを入れたときの燃え方を調べてみましょう。翔太さん、実験した結果を表にまとめてください。

翔太　先生、表１のようになりました。この実験からろうそくが燃えるためには［　B　］とわかりました。

先生　よくわかりましたね。では翔太さん、今度はびんの中の気体の体積の割合を、酸素50%、二酸化炭素50%にして火のついたろうそくを入れてみましょう。ろうそくの燃え方はびんの中に空気を入れてろうそくを燃やしたときと比べてどのようになると思いますか。

翔太　［　C　］と思います。

先生　ではやってみましょう。翔太さんが考えたとおりになりましたね。
　それでは、最後に図３のように底のないびんを使って（あ）～（う）の装置をそれぞれつくり、ろうそくに火をつけます。すぐに火のついた線香《こう》を近づけて、Dけむりの流れで空気の動きを観察してみましょう。どんなことがわかりましたか。

翔太　（あ）のびんはろうそくの火が消えてしまいましたが、（い）と（う）のびんは燃え続けました。

先生　線香のけむりを観察することで、燃え続けるためにはどのような条件が必要か考えることができますね。

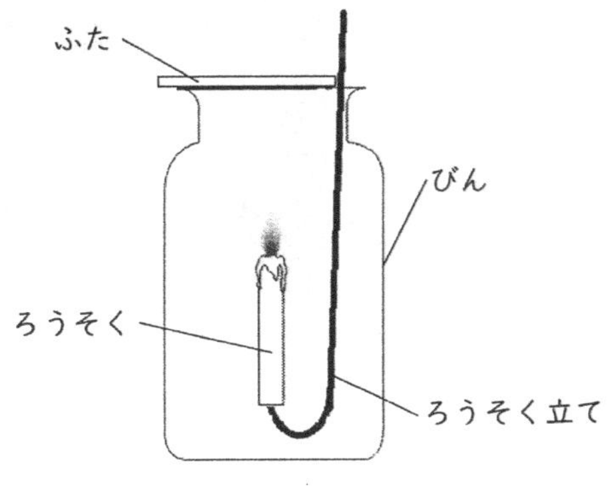

図１

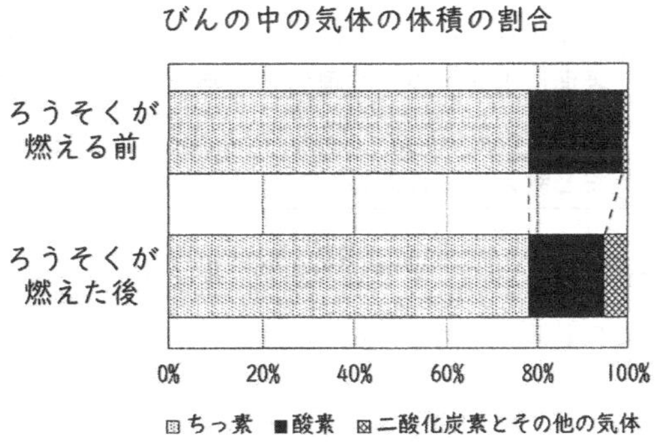

図２

表１

	びん①	びん②	びん③	びん④
びんの中の気体の体積の割合	二酸化炭素100%	酸素10%、二酸化炭素90%	酸素20%、二酸化炭素80%	酸素100%
ろうそくの燃え方	すぐに火が消えた	すぐに火が消えた	空気中と同じ燃え方をした	激しく燃えた

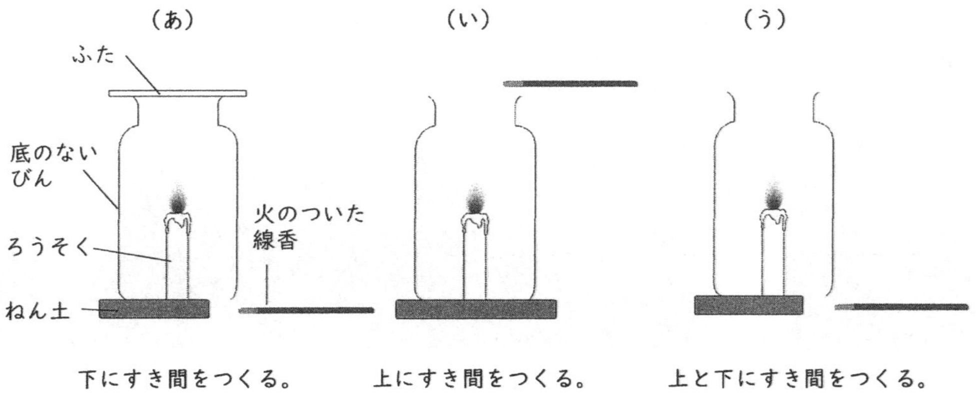

図３

(1) ―――線部Aの変化が起こったことを調べるために、どのような薬品を使った実験方法がありますか。実験方法と考えられる結果を簡単に説明しなさい。

(2) 図２と表１を見て、会話文中の［　B　］に当てはまる言葉を書きなさい。ただし、「酸素」「二酸化炭素」という語句を必ず使いなさい。

(3) 会話文中の［　C　］に当てはまる適切な内容を、**ア～ウ**から１つ選び、その記号を書きなさい。

ア　早く火が消える

イ　明るく燃える

ウ　同じ燃え方をする

(4) ―――線部Dについて、図３の（い）、（う）の線香のけむりの流れる道すじを１本の矢印で解答用紙の図にかきなさい。

5 小学生の翔太さんは、夏休みの自由研究で天気について調べることにしました。そこで、近所に住む気象予報士のお姉さんにお話を聞くことにしました。次の［　　］内は、翔太さんが聞いた内容です。後の各問いに答えなさい。

翔太さんは、まず台風についてお姉さんに質問しました。すると、お姉さんは日本付近の気象衛星の雲画像を見せてくれました。図１に示す**ア～ウ**は、ある台風が日本に接近したときの連続する３日間の雲画像です。

ア　　イ　　ウ

図１　（気象庁のウェブサイトより引用）

(1) 上の図１の**ア～ウ**の雲画像を、日付《ひづけ》の古いものから新しいものへ順番にならべ、記号で書きなさい。

お姉さんの話では、ある地点での台風が通り過ぎる前後の風の向きや強さの変化がわかれば、その地点の周辺を通り過ぎる台風のおおよその経路が予想できるとのことでした。その理由は、地上付近では台風の周囲の風は、図２のように時計の針が動く向きと反対方向に回転しながら中心に向かって吹《ふ》き込《こ》んでいるからだそうです。

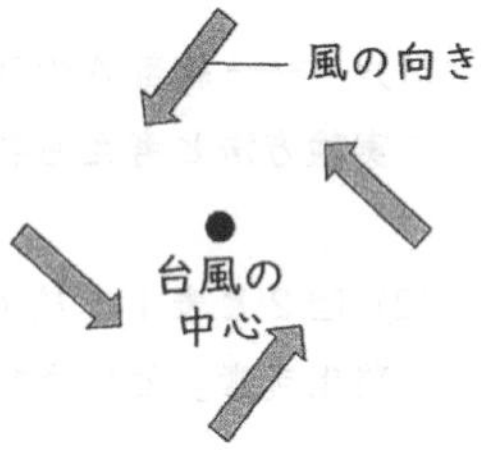

図２

(2) 表１は、ある日にＮ市付近を台風が通り過ぎる前後の時刻において、Ｎ市の気象台で観測された風の向きと強さを表したものです。台風は気象台の付近をどのように通り過ぎたと考えられますか。図３の**ア～エ**から１つ選び、その記号を書きなさい。ただし、図３の矢印は台風の進行方向を、矢印上の●は各時刻での台風の中心の位置を表しており、地形による影響《えいきょう》は考えないものとします。

表１

時刻	６時	９時	12時	15時
風の向き	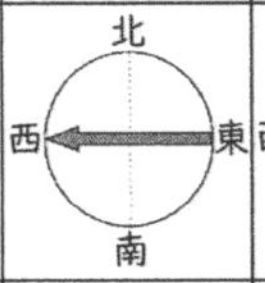	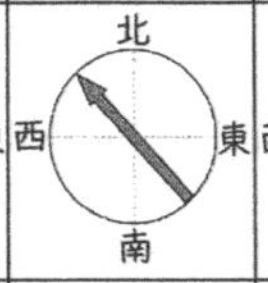	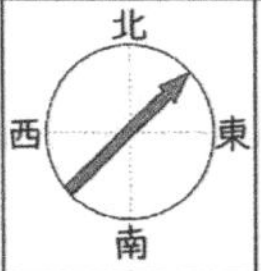	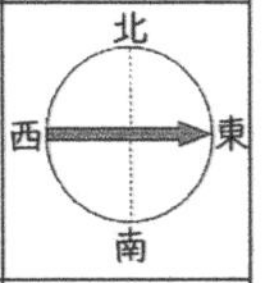
風の強さ	4	6	7	4

（風の強さは、０～12までの13段階で示し、数字が大きいほど強くなる。）

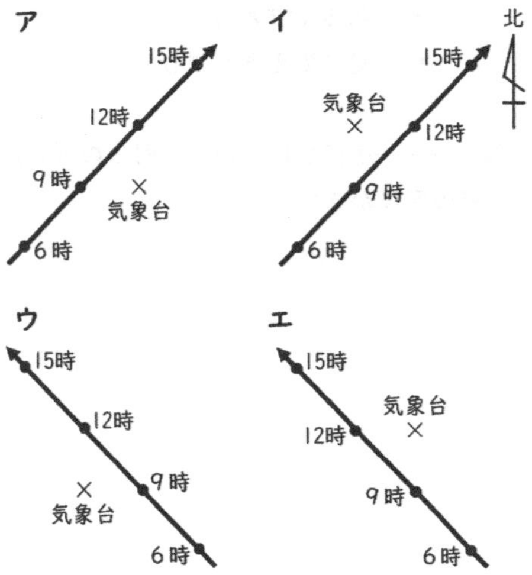

図３

続いて、翔太さんは、天気予報で放送されるさくらの開花日をどのようにして決めているのか質問しました。すると、お姉さんは、日本の各地の気象台には標本木という木が植えられていて、この木を観察することで、さくらの開花日を決めていると話してくれました。また、さくらの開花日をもとに、季節の遅《おく》れや進み、気候の変動を調べていることも教えてくれました。さくらの開花日の他には、かえでの紅葉日も観測されています。主な都市におけるさくらの開花日とかえでの紅葉日について1991年～2020年の記録を平均した日を表２に示しました。

表２

都市名	さくらの開花日	かえでの紅葉日
札《さっ》　幌《ぽろ》	５月　１日	10月28日
青　森	４月22日	11月13日
仙　台	４月　８日	11月21日
金　沢	４月　３日	11月24日
大　阪	３月27日	12月　１日
宮　崎	３月23日	12月　４日

（気象庁のウェブサイトより引用）

図４

(3) 上の図４に示す主な都市の位置と、さくらの開花日やかえでの紅葉日とは、どのような関係があるといえますか。さくらの開花日、かえでの紅葉日のそれぞれについて、簡単に説明しなさい。

(4) さくらの開花日やかえでの紅葉日は、気候の変動を調べるためにも使われています。それは、さくらの開花日やかえでの紅葉日が気温によって変わるからです。今の地球の気温が昔に比べて上がっていることを調べたい場合、表２のデータとどのようなデータを比較《かく》すればよいですか。その例を書きなさい。

お姉さんの話を熱心に聞いている間に、出してもらった氷の入ったジュースのコップの外側の表面に右の写真１のような水滴《てき》がつきました。そこで、翔太さんは不思議に思い、コップの外側の表面に水滴がついた理由をお姉さんにたずねてみました。するとお姉さんは、［Ａ］にあった［Ｂ］が［Ｃ］、水滴になったからだと教えてくれました。

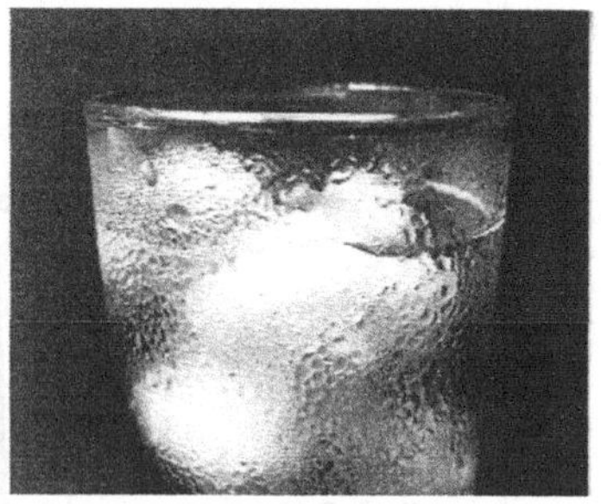

写真１

(5) 上の文中の［Ａ］～［Ｃ］に当てはまる言葉を入れ、コップの外側の表面に水滴がついた理由を完成しなさい。

令和３年度

奈良県立青翔中学校入学者選抜検査問題

適性検査Ⅰ

（40分）

注　意

１　指示があるまで開いてはいけません。

２　解答用紙は、２枚あります。それぞれに、受検番号を忘れないように書きなさい。

３　解答用紙の※印のところには、何も書いてはいけません。

４　答えは必ず解答用紙に書きなさい。

受検番号	

令和3年度　奈良県立青翔中学校入学者選抜検査

適性検査Ⅰ　解答用紙

（一枚目）

問題番号	一							
	（一）	（二）	（三）			（四）		
			(1)	(2)	(3)	(1)	(2)	
答え	誰《だれ》でも自由に（　　　　）ができるようにしたため、城下町が栄えた。		時代	資料2 / 資料3	・	・	120字　100字	
採点								

(一) 4点
(二) 4点
(三) ⑴ 4点
⑵ 10点
⑶ 6点
(四) ⑴ 8点
⑵ 14点

小　計
※

※100点満点

※

合　計
※

受検番号

令和3年度　奈良県立青翔中学校入学者選抜検査

適性検査Ⅰ　解答用紙

（二枚目）

問題番号　二

答え

（一）

（例）人

hito

南極

内陸

（二）

（三）

・

（四）

（五）

「　　」仕組み

（六）

（七）

200字　160字

採点

(一) 4点
(二) 2点
(三) 4点
(四) 12点
(五) 6点
(六) 2点
(七) 20点

小計
※

※

合計
※

一

翔太《しょうた》さんと花子さんのクラスでは、修学旅行で訪《おとず》れる予定の滋賀県について、学習を進めています。各問いに答えなさい。

(一) 織田信長が琵琶湖《びわこ》のほとりに安土城《あづちじょう》を建設し、城下町が栄えたことを学習しました。二人は、栄えた理由を次のようにまとめました。文章を完成させなさい。

誰《だれ》でも自由に（　　　　　）ができるようにしたため、城下町が栄えた。

(二) 二人は、琵琶湖の環境《かんきょう》を守るために制定された条例があることを知りました。このような条例を制定する仕組みについて、正しいものを次の**ア**～**オ**から一つ選び、その記号を書きなさい。

ア 選挙で選ばれた国会議員が国会で制定する。

イ 国会議員から選出された内閣総理大臣が制定する。

ウ 国民から選ばれた裁判員が裁判官とともに制定する。

エ 都道府県や市区町村がそれぞれの議会で制定する。

オ 世界のほとんどの国が加盟する国際連合で制定する。

(三) 資料1は、二人が滋賀県長浜市《ながはまし》について調べたことを古い順に並べたものです。資料2と資料3は、長浜駅周辺の土地活用を示した地図です。後の各問いに答えなさい。

〔資料1〕

●羽柴秀吉《はしばひでよし》（のちの豊臣秀吉）が琵琶湖の水運に着目し、琵琶湖畔《こはん》に長浜城《ながはまじょう》を建設後、城下町として発展した。

←→ **ア**

●近畿地方と北陸地方を結ぶ街道の要衝《ようしょう》、また大通寺《だいつうじ》（長浜御坊《ながはまごぼう》）の門前町、さらに琵琶湖水運の要衝として発展した。

←→ **イ**

●大津港《おおつこう》と結ぶ鉄道連絡船《れんらくせん》の港として長浜港《ながはまこう》と長浜駅が建設され、集落が発達した。

←→ **ウ**

●船の大型化に対応するために港の移転がおこなわれ、ヨットハーバーも建設された。

←→ **エ**

●市東部に高速道路が整備された。

〔資料2〕

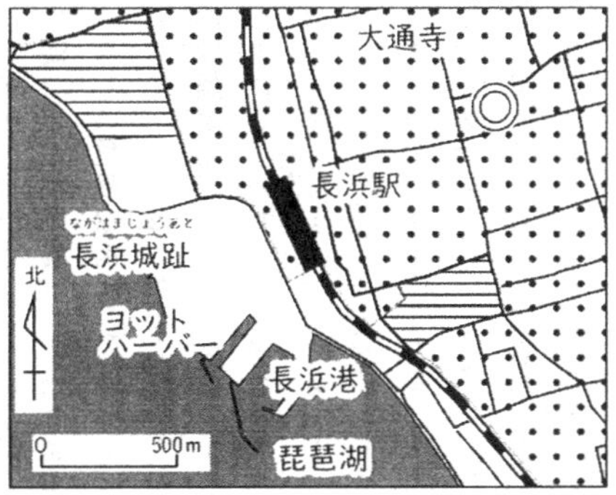

〔資料3〕

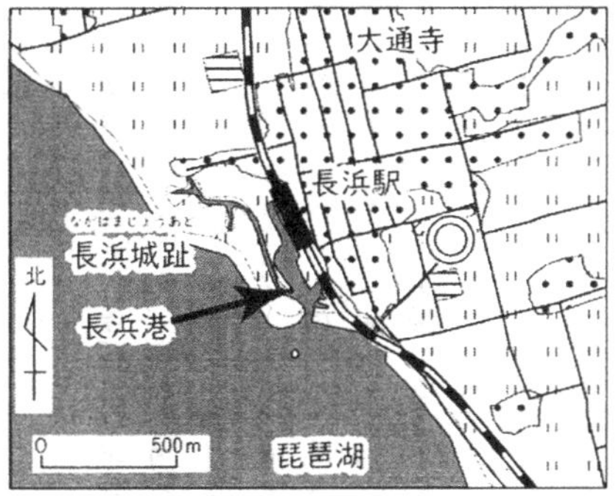

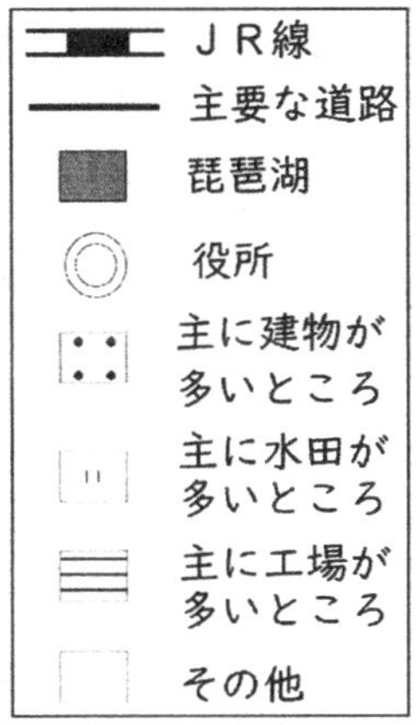

(1) 資料1中の――線部は、古くからたくさんの人が行き来した街道です。二人は紫式部《むらさきしきぶ》がこの道を通ったことを授業で知りました。紫式部が活躍《かつやく》したのはいつの時代ですか。その時代の名称《めいしょう》を答えなさい。

(2) 資料2と資料3は、資料1中の**ア**～**エ**のいずれの期間の地図と考えられますか。**ア**～**エ**から一つずつ選び、その記号を書きなさい。

(3) 資料2と資料3から読み取れることとして正しいものを、次の**ア**～**オ**から二つ選び、その記号を書きなさい。

ア 資料2と資料3とも、北東部に「琵琶湖」がある。

イ 「役所」の位置は、資料2と資料3で変化している。

ウ 資料2と資料3を比べると、長浜駅南西部の湖岸の様子が大きく変化したことがわかる。

エ 資料3は資料2よりも、「主に水田が多いところ」の面積が少ない。

オ 「主に工場が多いところ」は、資料2では湖岸近くと長浜駅南東部にあり、資料3では全くない。

(四) 二人は滋賀県の農業について、学習を進めました。次の各問いに答えなさい。

(1) 資料4は、近畿地方6府県別の経営耕地面積と、経営耕地面積の規模《きぼ》別面積の割合を示しています。資料4から読み取れることとして、正しいものを次の**ア**～**オ**から二つ選び、その記号を書きなさい。

〔資料4〕

	経営耕地面積(ha)	経営耕地面積の規模別面積の割合（%）			
		1ha未満	1ha以上3ha未満	3ha以上10ha未満	10ha以上
滋賀県《しが》	32,673	19.3	32.5	23.6	24.6
京都府《きょうと》	17,574	40.9	34.8	17.8	6.5
大阪府《おおさか》	5,794	68.8	25.8	4.4	1.0
兵庫県《ひょうご》	44,075	44.4	37.3	12.3	6.0
奈良県	11,184	49.8	31.3	17.4	1.5
和歌山県《わかやま》	21,426	31.8	54.0	13.9	0.3

（農林水産省統計より作成）

ア 滋賀県の経営耕地面積は、6府県の経営耕地面積の中で最も広い。

イ 京都府は、1ha未満の規模の経営耕地面積の割合が京都府における他の規模よりも高い。

ウ 大阪府は、10ha以上の規模の経営耕地面積が約500haである。

エ 奈良県は、経営耕地面積の規模が大きくなるにつれて、その面積の割合は低くなる特徴《とくちょう》が滋賀県と同じである。

オ 兵庫県は和歌山県よりも、1ha以上3ha未満の規模の経営耕地面積が広い。

(2) 資料5は、近畿地方6府県別の販売のあった全農家数と専業農家に関する資料を示しています。資料6は、近畿地方6府県別の販売品別農家数の割合を示しています。資料6から、滋賀県の農業にはどのような特徴があるといえますか。百字以上百二十字以内で書きなさい。ただし、資料5から、専業農家数が販売のあった全農家数のほぼ半数を占める府県を探し、その府県と滋賀県を比べるように書きなさい。

〔資料5〕

	販売のあった全農家数（戸）	専業農家	
		専業農家数（戸）	専業農家数の割合(%)
滋賀県	19,306	3,767	19.5
京都府	17,485	5,715	32.7
大阪府	9,028	2,860	31.7
兵庫県	46,831	11,069	23.6
奈良県	12,930	3,832	29.6
和歌山県	20,352	9,732	47.8

（農林水産省統計より作成）

〔資料6〕

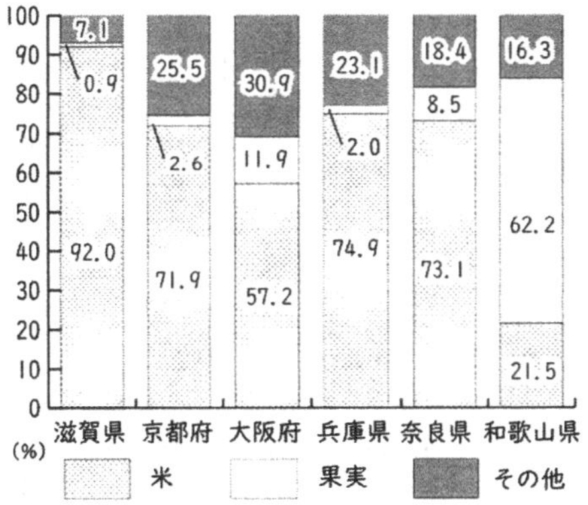

（農林水産省統計より作成）

二 次の文章を読み、各問いに答えなさい。

その大地は、常に激しいブリザードに襲《おそ》われる。雪とも氷ともわからない冷たく白い風が、激しく吹《ふ》き荒《あ》れる。もちろん、太陽など見えない真っ白な世界だ。気温はマイナス六〇度、風速は秒速六〇メートルを超《こ》えることさえある。それがⓐ南極の冬である。

しかし、こんな猛吹雪《もうふぶき》の中でも、生命は息づいている。真っ白な世界の中で、かすかに黒いかたまりが見える。オスのコウテイペンギンたちの群れである。コウテイペンギンの子育ては壮絶《そうぜつ》である。南極という過酷《かこく》な環境《かんきょう》で生きることを選んだ鳥である①コウテイペンギンにとって、その子育てもまた過酷なのだ。この環境で生き抜《ぬ》くための知恵《ちえ》が、「父親の子育て」である。コウテイペンギンは、厳しい冬の寒さの中でオスが卵を抱《だ》いてヒナをかえすのである。

三月から四月頃《ごろ》になると、一万羽《ば》ものコウテイペンギンの群れが繁殖《はんしょく》のために海から離《はな》れた場所に移動を開始する。海の近くにはシャチやヒョウアザラシなどの危険な肉食獣《にくしょくじゅう》がいる。ⓑ内陸の方が安全なのだ。南極は南半球にあるので、三月はこれから冬に向かう季節である。とはいえ、海から内陸までの距離《きょり》は五〇〜一〇〇キロメートルほどにもなる。よちよち歩きのペンギンたちにしてみれば、相当な長旅だ。海から内陸へ移動すると、コウテイペンギンたちはⓒ求愛を行う。オスとメスはラブソングを歌うかのように鳴き合ったり、向かい合っておじぎをしたりする。こうした愛の儀式《ぎしき》を経て、お互《たが》いに一夫一妻のパートナーを見つける。こうしてペンギンの夫婦《ふうふ》は五月から六月頃に、愛の結晶《けっしょう》として大きな卵を一つだけ授《さず》かるのである。オスはその卵をメスから受け取って自分の足の上に移動させる。凍《い》てつく地面の上に少しでも卵が触《ふ》れれば、瞬《またた》く間《ま》に凍《こお》りついてしまう。そのため、地面に落とすことのないように足の上で抱きかかえると、オスだけにある抱卵嚢《ほうらんのう》というだぶついた腹の皮をかぶせて抱卵する。これから、長い長い子育てが行われる。

ペンギンのエサは海の中の魚である。海を離れた内陸にペンギンの食べるものはないから、内陸へ移動を始めてからの二か月間、ペンギンたちは新たなエサは何も口にしていない。そのため、産卵《さんらん》を終えたメスたちは、体力を回復させるために、エサを求めて海へ戻《もど》っていく。もちろん、オスのペンギンも何も食べていないのは同じである。それでも、メスが戻ってくる間、オスはじっと足の上で卵を温めるのだ。

季節は冬である。南極では太陽の当たる時間はほとんどない。一日中闇夜《やみよ》が続く。気温はマイナス六〇度。それに加えてブリザードが容赦《ようしゃ》なく吹《ふ》きつける。そんな中をオスたちはじっと卵を守り続けるのである。

しかし不思議である。一般的《いっぱんてき》に②鳥は春に卵を産み、エサの多い夏の間に子育てをする。それなのに、どうしてコウテイペンギンは、これから厳しい冬に向かおうとする季節に卵を産むのだろうか。南極の夏は短い。一二月から一月の二か月間が南極にとっては夏と呼べる季節である。もし、暖かくなってから卵を産んで温めていたのでは、卵から孵化《ふか》した子どもたちが大きくなる前に夏が終わり、子どもたちは厳しい冬を過ごさなければならなくなってしまう。冬になるまでに子どもたちを成長させようとすれば、冬の間に卵を産み、できるだけ早くヒナをかえす必要があるのである。

コウテイペンギンのオスは、二か月間も卵を温め続ける。海を離れたのは、その二か月前だから、オスたちは四か月もの間、極寒《ごっかん》の中で絶食を続けていることになる。コウテイペンギンは、ペンギンの中ではもっとも大きく、体重は四〇キロにもなる。ところが、断食《だんじき》が続いた結果、この季節になると、オスの体重は半分ほどにまで減ってしまうという。

やがて季節は八月となる。南極の八月は冬の真っただ中だ。八月頃になると、長い旅を終えたメスたちが、ヒナに与《あた》える魚を胃の中にたっぷりとたくわえて、ようやく海から戻ってくる。ペンギンの胃には③そのような仕組みが備わっているのである。魚をたっぷりとたくわえたメスのお腹《なか》はパンパンだ。まさにオスたちにとっては待ちわびた瞬間《しゅんかん》だ。そして、ちょうどこの頃、長い抱卵のかいがあって、ヒナたちが卵から生まれ出てくる。しかし、オスはヒナが生まれた後も、しばらくの間は足の上でヒナを守り続ける。

もし、メスが戻ってくる前にヒナが生まれてしまうと、ヒナたちは食べるものがない。そのため、オスは食道から乳状の栄養物を吐《は》き出《だ》し、エサとしてヒナに与える。これはペンギンミルクと呼ばれている。飢《う》えた体にたくわえられたわずかな栄養をヒナに与えるのである。

メスが戻ってくると、オスとメスとが互いに鳴き合ってパートナーを探す。不思議なことに、一万羽ものペンギンの群れの中で、声だけでパートナーを探し合うことができるという。なんという絆《きずな》で結びついた夫婦なのだろう。こうして無事にメスが戻ってくると、オスはメスにヒナを預け、メスは足の上でヒナを育てる。そして今度は、オスがエサを獲《と》りに海に向かうのである。

（稲垣栄洋《いながきひでひろ》『生き物の死にざま―はかない命の物語』による）

（注）ブリザード＝吹雪をともなった冷たい強風。三時間ぐらい続く強風。
壮絶＝たいへん勇ましくはげしいこと。　繁殖＝動物が生まれ増えること。
容赦なく＝てかげんすることなく。　孵化＝卵がかえること。

（一）〰〰線部ⓐ「南極」、〰〰線部ⓑ「内陸」の読みを、解答らんの例のように、それぞれローマ字で書きなさい。

（二）〰〰線部ⓒ「求愛」は、上の漢字が動作を表し、下の漢字が「――を」と、その動作の対象を表しています。次の**ア**～**オ**から、この熟語と組み合わせ方が同じものを一つ選び、その記号を書きなさい。

ア 永久　**イ** 和洋　**ウ** 納品　**エ** 必要　**オ** 紅茶

（三）――線部①と筆者が述べるのは、子育てのどのような点についてですか。適切なものを次の**ア**～**オ**から二つ選び、その記号を書きなさい。

ア コウテイペンギンのオスは、マイナス六〇度のブリザードが吹きつける中、卵を守り続けなくてはならないという点。

イ コウテイペンギンの親は、卵がアザラシなどの肉食獣に取られないよう常に見張らなければならないという点。

ウ コウテイペンギンのメスが、戻って来る前にヒナが生まれると、ヒナは、エサをもらえず死んでしまうという点。

エ コウテイペンギンのオスは、四か月間絶食をして、ヒナがかえるまで卵を抱き体重が半分ほどにまでなってしまうという点。

オ コウテイペンギンは一万羽の群れで過ごすので、長旅から戻ったメスは、パートナーを見つけることが難しいという点。

（四）――線部②の理由を筆者はどのように考えていますか。ただし、「卵」「ヒナ」「夏」「冬」の言葉を全て使って書きなさい。

（五）――線部③とはどのような仕組みか、「仕組み」という言葉に続くように答えなさい。

〔　　　　　　　　　　〕仕組み

（六）この文章について説明したものとして最も適切なものを、次の**ア**～**エ**から一つ選び、その記号を書きなさい。

ア コウテイペンギンのヒナがかえるまでの様子を、時間の経過にそって述べている。

イ コウテイペンギンの子育ての様子を、不思議だと思うことをあげながら述べている。

ウ コウテイペンギンと過酷な自然との戦いを、筆者の体験と比べながら述べている。

エ コウテイペンギンと南極にすむ動物たちとの争いを、具体的な例をあげて述べている。

（七）この文章に関する次の□内の会話を読み、後の問いに答えなさい。

> 翔太　先生、どうして南極のコウテイペンギンの生活や子育ての様子などがくわしくわかっているのですか。
>
> 先生　動物に、小型のビデオカメラやGPS機能（位置を知るための仕組み）のついた機器などをとりつけ、周囲の環境情報や動物自身の行動などを記録する研究により、様々なことがわかってきました。南極には日本の基地があって、毎年調査隊が派遣《はけん》され、調査や実験が行われています。
>
> 翔太　現地から衛星回線で行われた「南極授業」を見たことがあります。南極で光合成をする植物が育つことや、地球温暖化の影響《えいきょう》についての話を聞いてとても興味をもちました。
>
> 先生　南極は、いわば地球のタイムカプセルのような場所で、生物、氷、岩石などの自然の保存状態がとてもよく、データが取りやすいのです。また、南極では気象の観測や海洋資源、微生物《びせいぶつ》の研究などさまざまな調査が行われていて、その調査結果は、未来の地球環境の予測や対策に役立てられています。翔太さんは、南極で調べてみたいことがありますか。

問　あなたが、南極で調べてみたいことについて、次の条件に従って作文しなさい。

条件1　原稿《げんこう》用紙の使い方に従って、一六〇字から二〇〇字以内で、二段落構成で書きなさい。ただし、題、自分の名前は書かないこと。

条件2　第一段落には、あなたが南極で調べたいことを理由をふくめて書き、第二段落には、それをどのような方法で調べたいと考えるか書きなさい。

令和３年度

奈良県立青翔中学校入学者選抜検査問題

適性検査２

（40分）

注　意

１　指示があるまで開いてはいけません。

２　解答用紙は、２枚あります。それぞれに、受検番号を忘れないように書きなさい。

３　解答用紙の※印のところには、何も書いてはいけません。

４　答えは必ず解答用紙に書きなさい。

受検番号	

※

合計	※

※150点満点

令和３年度

奈良県立青翔中学校入学者選抜検査

適性検査２

解　答　用　紙

（１枚目）

問題番号			答　え	採点
1	(1)			
	(2)		面積 説明	
	(3)		(4)	
2	(1)	①	式　答え	
		②	式　答え	
		③		
	(2)	①	ア　イ　ウ エ　オ	

1
⑴４点
⑵面積４点
　説明６点
⑶５点
⑷５点

2
⑴①３点
　②３点
　③４点
⑵①10点
　②個数４点
　　説明６点

3
⑴水の量４点
　説明５点
⑵深さ３点
　説明４点
⑶５点

小計	※

問題番号			答　え	採点
2	(2)	②	個数 説明	
3	(1)		水の量 説明	
	(2)		深さ 説明	
	(3)		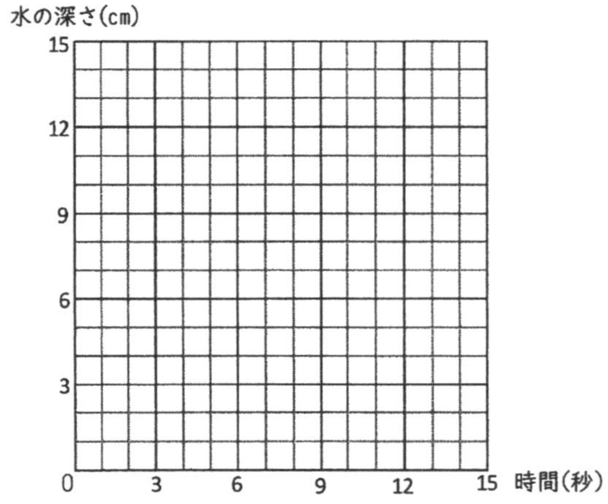	

受検番号	

※

令和３年度

奈良県立青翔中学校入学者選抜検査

適性検査２

解　答　用　紙

（２枚目）

問題番号		答　え	採　点
4	(1)		
	(2)		
	(3)	東　南　西 ←地平線	
	(4)		
	(5)	〔月から見た地球の位置〕 〔月から見た地球の形〕	

4
(1) 5点
(2) 7点
(3) 7点
(4) 9点
(5) 5点×２

5
(1) 8点
(2) 5点
(3) 10点
(4) 7点
(5) 7点

小計	※

問題番号		答　え	採　点
5	(1)	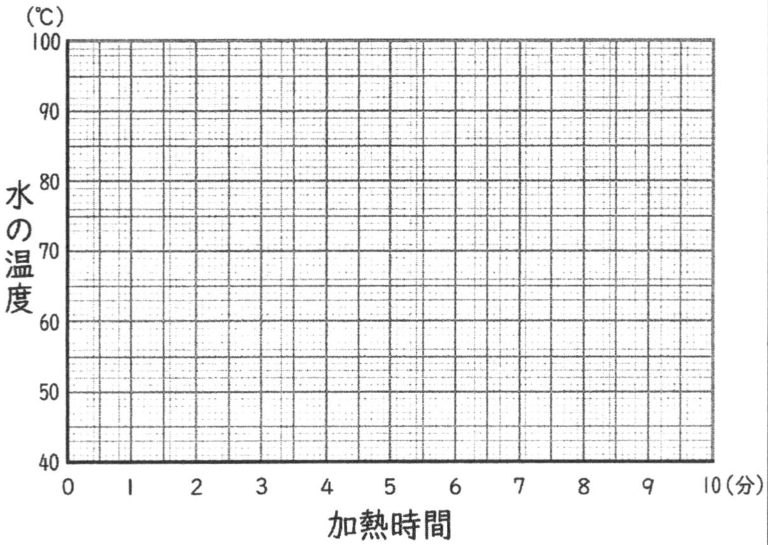	
	(2)		
	(3)	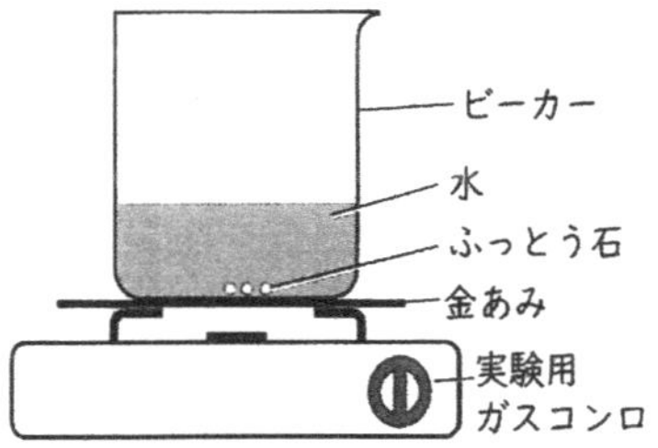	
	(4)		
	(5)		

1 東京2020オリンピック・パラリンピックのエンブレムについて、翔太《しょうた》さんと花子さんが話し合っています。下の問いに答えなさい。

※図省略

東京2020オリンピック・パラリンピックのエンブレム

翔太　東京2020オリンピック・パラリンピックのエンブレムって、とても興味深いよね。

花子　３種類の四角形が組み合わさってできているように見えるよね。

翔太　まず、円の中心のまわりの角を12等分して半径をかき、円と交わった点を結んで正十二角形をつくったよ。その正十二角形の４つの頂点を結んでできる図ア、イ、ウのような３種類の四角形が組み合わさっているんだ。

図ア

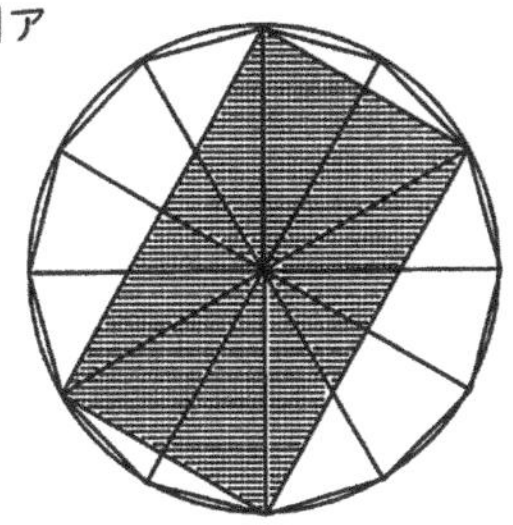

図イ

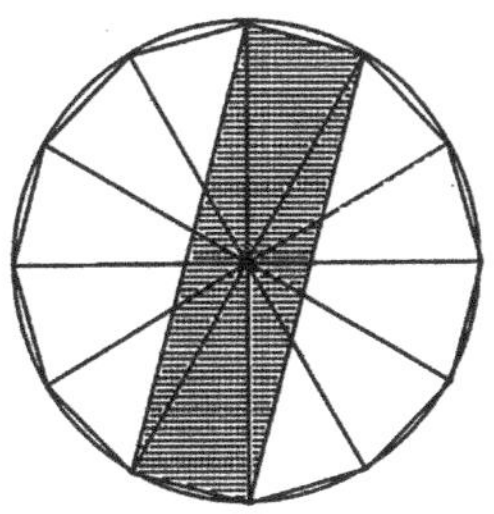

図ウ

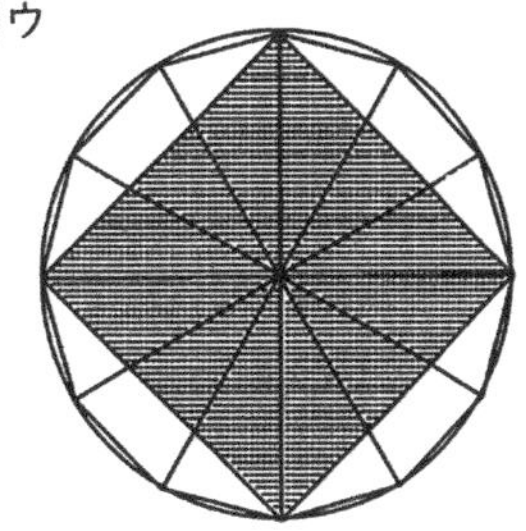

花子　円の半径を４cmとして、図ア、イ、ウの四角形について考えてみようよ。

図エ

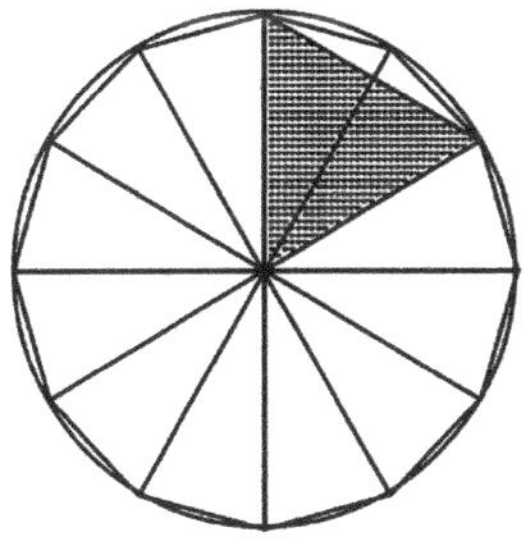

図オ

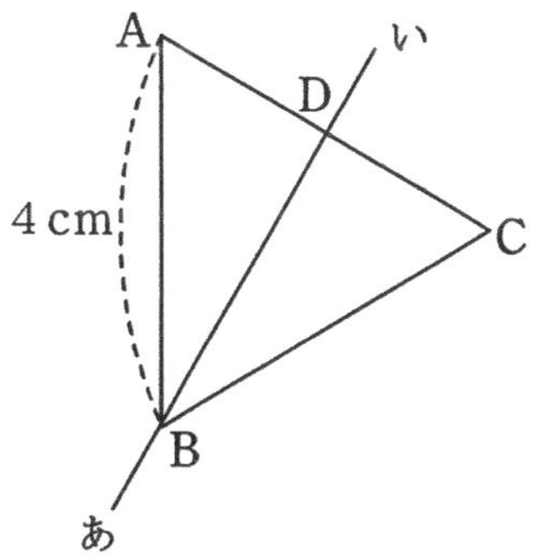

翔太　図エの色のついた三角形は正三角形だね。この正三角形を拡大して図オに示しているんだよ。円の半径が４cmなので、ＡＢの長さは４cmだね。三角形ＡＢＣは直線あいを対称の軸とする線対称な図形なので、ＡＤの長さは (1) であることがわかるね。

図カ

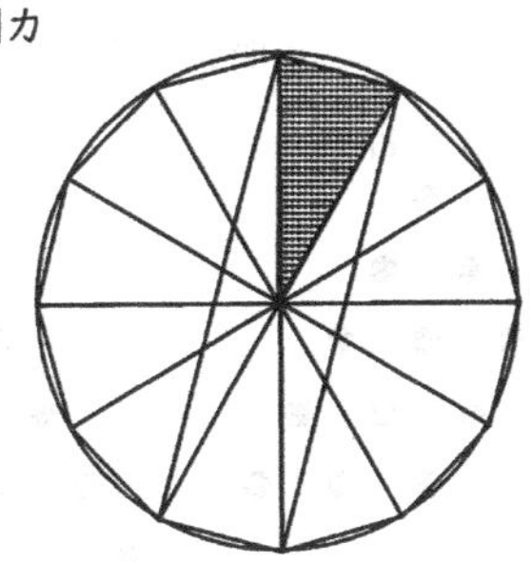

図キ

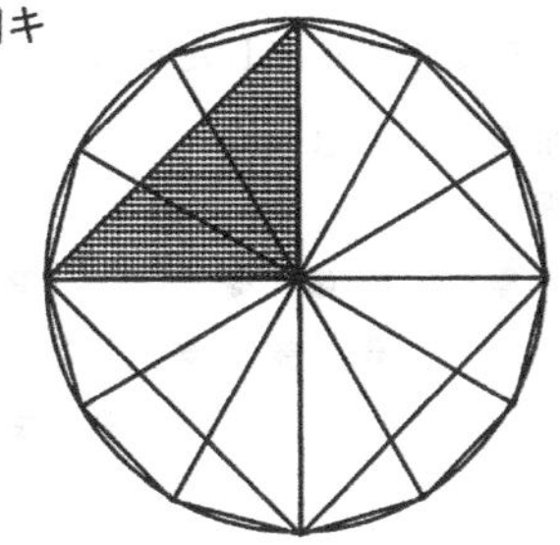

花子　図カの色のついた三角形は、３つの角の大きさが 30°、75°、75° の二等辺三角形で、図オでわかったことを利用して考えると、その面積は (2) となるね。だから、図イの四角形の面積は (3) になるね。さらに、図キの色のついた三角形の面積を考えて利用すると、図ウの四角形の面積は (4) となるよ。

問い　(1)、(2)、(3)、(4) に適する長さや面積を求めなさい。(2)についてはその理由も説明しなさい。

2 図のようにあるきまりにしたがって、おはじきを並べます。下の各問いに答えなさい。

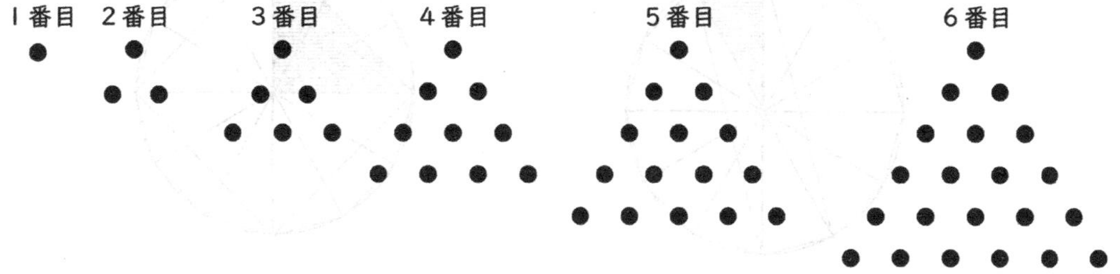

(1) 翔太さんと花子さんは、5番目のいちばん外側ひとまわりに並ぶおはじきの数の求め方を考えました。

> 翔太　4×3＝12 だから、12個だね。
> 花子　私は3×3＋3＝12 と考えて、12個とわかったよ。

① 翔太さんと同じように考えて、10番目のいちばん外側ひとまわりに並ぶおはじきの数を求める式と答えをかきなさい。

② 花子さんと同じように考えて、10番目のいちばん外側ひとまわりに並ぶおはじきの数を求める式と答えをかきなさい。

③ いちばん外側ひとまわりに並ぶおはじきの数が、33個になるのは何番目ですか。

(2) 次に、全部のおはじきの個数について、次のような表にかいて考えました。

	2番目	3番目	4番目	5番目	6番目	7番目	8番目	9番目	10番目	11番目
いちばん外側ひとまわりに並ぶおはじきの個数	3個	6個	9個	12個	15個					
全部のおはじきの個数	3個	6個	10個	15個	21個					

> 翔太　いちばん外側ひとまわりに並ぶおはじきの数と全部の個数の増え方にどんなきまりがあるのかな。
> 花子　5番目のいちばん外側ひとまわりに並ぶおはじきを取ると、2番目に並べた形のおはじきが残るよね。
> 翔太　6番目のいちばん外側ひとまわりに並ぶおはじきを取ると、3番目に並べた形のおはじきが残るんだ。
> 花子　つまり、7番目の全部のおはじきの個数は［ア］番目の全部のおはじきの個数に、7番目のいちばん外側ひとまわりに並ぶおはじきの個数［イ］個をたすと求められるから［ウ］個になるね。
> 翔太　では、10番目の全部のおはじきの個数は［エ］番目の全部のおはじきの個数に、10番目のいちばん外側ひとまわりに並ぶおはじきの個数をたすと求められるから［オ］個になるんだね。

① ア～オにあてはまる数をかきなさい。

② 2人の考え方を参考にして、19番目の全部のおはじきの個数を求める方法について説明し、その個数をかきなさい。

3 下の図のような、直方体の形をした容器1と容器2があります。ただし、容器の厚さは考えません。容器1では水を入れ始めて15秒後に水の深さが5cmになりました。グラフ①は容器1に水を入れたときの時間と水の深さの関係を表しています。下の各問いに答えなさい。

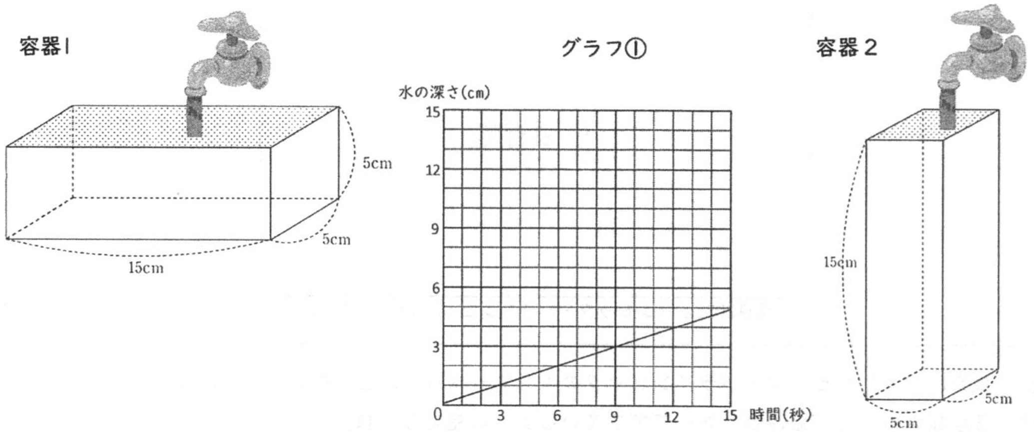

(1) 容器1において、1秒間に入れる水の量は何mLですか。また、その理由をわかりやすく説明しなさい。

(2) 容器1に水の深さが2cmになったところで水を入れるのをやめ、入った水をすべて空の容器2に移しました。このとき容器2の水の深さを求めて、その理由を説明しなさい。

(3) 空の容器2に、1秒間に入れる水の量を容器1と同じにして、水を入れたときの時間と水の深さの関係を、グラフに表しなさい。

4　ある年の９月下旬《げじゅん》の午後６時ごろに、翔太さんとおじいさんが月を見て話をしています。下の翔太さんとおじいさんの会話をよく読み、後の問いに答えなさい。

翔太　おじいさん見て！　A満月が東の空に見えているよ。
おじいさん　今日は中秋《ちゅうしゅう》の名月《めいげつ》といって、昔から月をながめて、農作物の収穫《しゅうかく》を祝う日だね。
翔太　だから、Bススキやお団子《だんご》を供えているおうちが多いんだね。そういえば、毎日同じ時刻に月を見ると、月の形や位置は日ごとに変わっていくよね。
おじいさん　うん、月は、球の形をしていて、太陽の光が当たっている部分だけが反射して明るく見えるんだよ。また、月は地球の周りを回っていて、月と太陽の位置関係が毎日少しずつ変わっていくので、C同じ時刻に空に見える月の形や位置も日ごとに変わっていくんだね。
翔太　じゃあ、月の形が再びもとにもどるには、どれくらいの期間がかかるの。
おじいさん　地球から見た月の形が再びもとにもどるまでの期間は約29.5日といわれているよ。望遠鏡で月を見てみるかい。
翔太　うん。わー、月の表面には丸い穴がいっぱいあるね。
おじいさん　それはクレーターといって、石や岩が月の表面にぶつかったあとだよ。
翔太　へー、でも月の表面の模様《もよう》って、いつ見ても同じだね。
おじいさん　そうだね。それは、月が地球にいつも同じ面を向けているからだよ。
翔太　ところで、来年も今年と同じ日が中秋の名月になるの。
おじいさん　それはどうかな。インターネットで調べてごらん。
翔太　D来年の中秋の名月の日は、今年より10日ほど早まるみたい。なぜだろう。
おじいさん　考えてみるとよいね。そういえば、1969年７月にアポロ11号が月に着陸してからもう50年ほど経《た》つね。この50年で宇宙開発もかなり進んだね。
翔太　ぼくも将来は宇宙飛行士になって、E月から地球をながめてみたいな。

(1)　会話文中のおじいさんの------線部の発言を図に表すと、図１のようになります。———線部Aについて、翔太さんがこの日に見た月は、図１のア～クのどこに位置していると考えられますか。ア～クから１つ選び、記号で書きなさい。

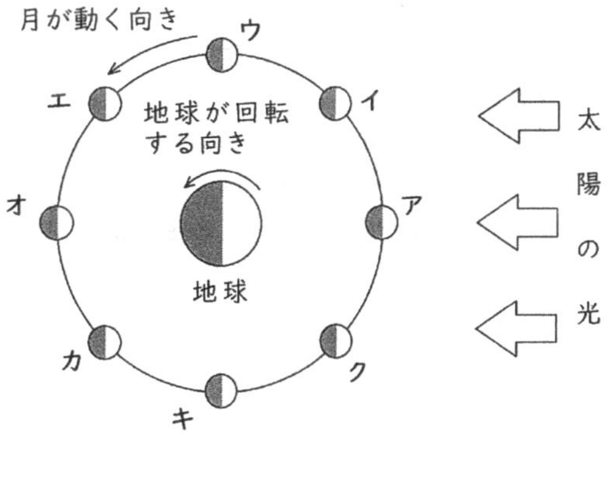

図１　太陽の光と地球と月（ア～ク）の位置

(2)　———線部Bについて、翔太さんは図鑑《ずかん》でススキについて調べました。すると、ススキはトウモロコシやイネと同じ仲間で、ススキの花粉《かふん》もこれらの植物の花粉と同じように、小さくて軽いという特徴《とくちょう》があることがわかりました。このススキの花粉の特徴から、ススキがおもにどのようにして受粉《じゅふん》するかを説明しなさい。

(3)　———線部Cについて、中秋の名月の日の７日前の午後６時ごろにも、翔太さんは空に月が出ているのを見つけていました。それはどのような月でしたか。翔太さんが見た月の形と位置がわかるように、解答用紙に図示しなさい。

(4)　———線部Dについて、来年の中秋の名月の日が今年よりも10日ほど早まる理由を説明しなさい。ただし、１年は365日とし、中秋の名月の日は必ず満月になるものと考えてください。

(5)　写真１は、満月の日に地球から見た月面のようすです。———線部Eについて、月面の中央（写真１の×の位置）から地球を観察すると、月から見た地球の位置と形はどのように変わると考えられますか。図１をもとにして、最も正しいと考えられる文を、〔月から見た地球の位置〕についてはア～ウから、〔月から見た地球の形〕についてはエ～キから、それぞれ１つずつ選び、記号で書きなさい。

写真１　月面のようす

〔月から見た地球の位置〕
ア　東の空から出て、頭の真上を通り、西の空に沈《しず》む。
イ　西の空から出て、頭の真上を通り、東の空に沈む。
ウ　いつもほぼ頭の真上に見える。
〔月から見た地球の形〕
エ　いつも新月のようになって見えない。
オ　いつも満月のように丸く見える。
カ　地球から見た月と同じように形が変化し、約15日でもとの形にもどる。
キ　地球から見た月と同じように形が変化し、約29.5日でもとの形にもどる。

5　翔太さんは家の手伝いでパスタをゆでるために水をふっとうさせました。そのとき、ふっとうするまでの水のようすとふっとうしたときに出るあわの正体が気になり、学校の先生に質問したところ、ふっとうに関する実験１および実験２をすることになりました。

実験１

図１のように、ビーカー（500mL用）に40℃の水200mLとふっとう石を入れ、温度計を固定しました。水を加熱し続けると、水面から湯気《ゆげ》が出始めました。さらに加熱すると、水の中からさかんにあわが出てきました。水の温度変化の記録は表１のとおりです。

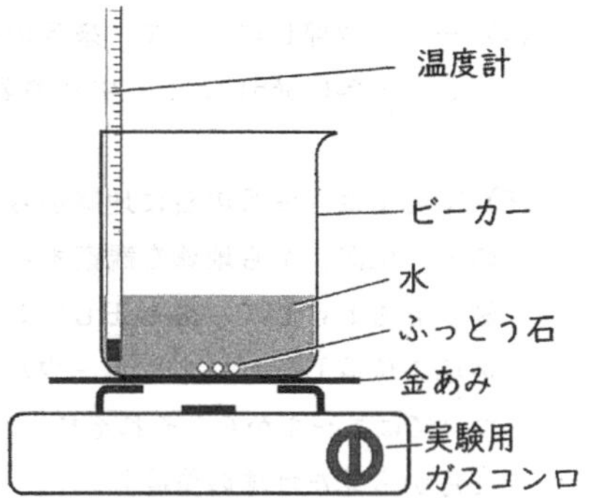

図１

表１　　加熱時間と水の温度の変化

加熱時間[分]	0	1	2	3	4	5	6	7	8	9	10
水の温度[℃]	40	44	52	62	72	82	92	97	99	99	99

(1) 表１を見て、水の温度の変化を折れ線グラフに表しなさい。

(2) 実験１について書かれた**ア～エ**の文のうち、誤っているものを１つ選び、記号で書きなさい。

ア　水がふっとうしている間、温度は変化しない。
イ　加熱前に比べて、加熱後のビーカーの中の水の量は減る。
ウ　湯気は、水じょう気である。
エ　水が水じょう気になることを、じょう発という。

実験２

図２のように、ビーカー（500mL用）に40℃の水200mLとふっとう石を入れました。さらに、あわを集める工夫をして実験装置を完成させました。実験装置を完成させた後、水を加熱して、あわを集めました。

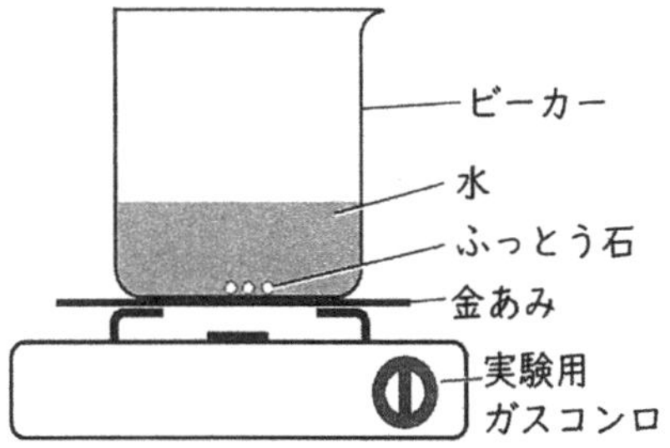

図２

(3) ―――線部で、翔太さんは下に示す「用意するもの」をすべて用いて、実験装置を完成させました。完成した実験装置の図となるように、解答用紙の図にかき入れなさい。ただし、「用意するもの」が図のどれであるかがわかるように、それぞれの名前もかき入れなさい。

用意するもの

ろうと	ポリエチレンのふくろ	輪ゴム

以下は実験２を終えた後の、翔太さんと先生との会話です。

翔太　集めたあわはしばらくすると水になっていました。
先生　そうですね。つまりあわの正体は、冷やすと水になる気体です。何だと思いますか。
翔太　水じょう気です。
先生　その通りです。ではさらにもう１つ、水じょう気に関する興味深い実験があるので、いっしょにやってみましょう。

翔太さんと先生は、下に示す実験３をおこないました。

実験３

図３のような装置を組み立て、丸底フラスコの中の水を加熱してガラス管の先から出てくる気体のようすを観察しました。

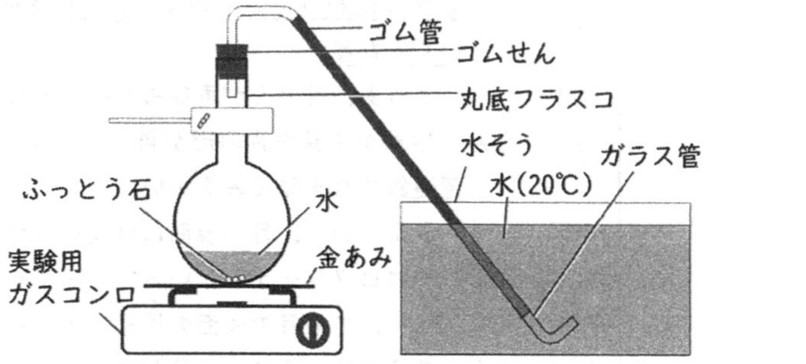

図３

以下は丸底フラスコの中の水がふっとうしているときの、翔太さんと先生との会話です。

翔太　水がふっとうする前は、ガラス管の先から出たあわが水そうの水面までのぼっていったのに、水がふっとうしている今は、ガラス管の先から出たあわがすぐに消えています。
先生　よく観察できていますね。ではどうして今ガラス管の先から出ているあわは消えてしまうのでしょうか。
翔太　うーん。水じょう気が［　　A　　］からですか。
先生　よくわかりましたね。
翔太　やった！
先生　では片付けをしましょう。ここで気をつけないといけないことがあります。
翔太　どんなことですか。
先生　今、丸底フラスコの中は水と水じょう気で満たされています。もしこの状態で加熱を止めると、水そうの水が［　　B　　］。それを防ぐためには、加熱を止める前に必ずガラス管の先を水そうから抜《ぬ》かないといけません。では、そのことに気をつけながらいっしょに片付けをしましょう。

(4) 会話文中の［　A　］に入る適切な内容を答えなさい。

(5) 会話文中の［　B　］に入る適切な内容を答えなさい。

令和２年度

奈良県立青翔中学校入学者選抜検査問題

適性検査１

（40分）

注　　意

１　指示があるまで開いてはいけません。

２　解答用紙は，２枚あります。それぞれに，受検番号を忘れないように書きなさい。

３　解答用紙の※印のところには，何も書いてはいけません。

４　答えは必ず解答用紙に書きなさい。

受検番号

令和2年度 奈良県立青翔中学校入学者選抜検査

適性検査1 解答用紙

（一枚目）

問題番号	一						
	（一）	（二）	（三）		（四）	（五）	（六）
答え			制度名	人物名	70字 90字		
採点							

※100点満点

※

合計

※

小計

※

（一）８点
（二）４点
（三）５点×２
（四）12点
（五）４点
（六）12点

受検番号

令和2年度　奈良県立青翔中学校入学者選抜検査

適性検査1　解答用紙

（二枚目）

問題番号	二					
	(一)	(二)	(三)	(四)	(五)	(六)
答え	〈例〉大きな疑問を感じる		・			200字　160字
採点						

※

(一) 5点
(二) 6点
(三) 6点
(四) 8点
(五) 5点
(六) 20点

小　計
※

一

修学旅行で東京を訪《おとず》れることになったカトリーヌさんと翔太《しょうた》さんは、東京の昔と今の地図をもとに、まちの様子の変化について調べています。資料1は一九〇九年、資料2は現在の東京中心部の地図です。これを見て、後の各問いに答えなさい。

〔資料1〕

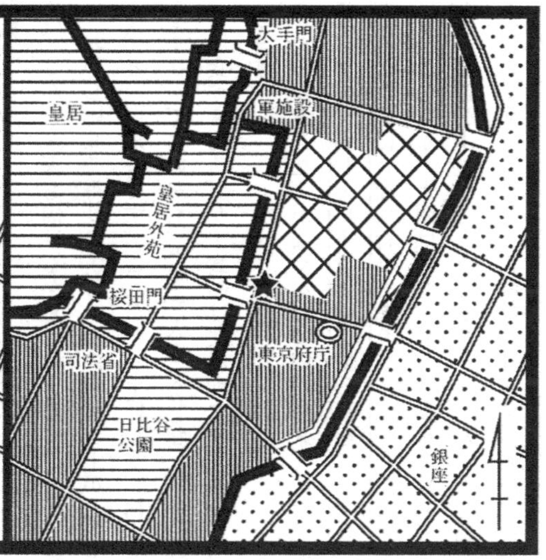

〔資料2〕

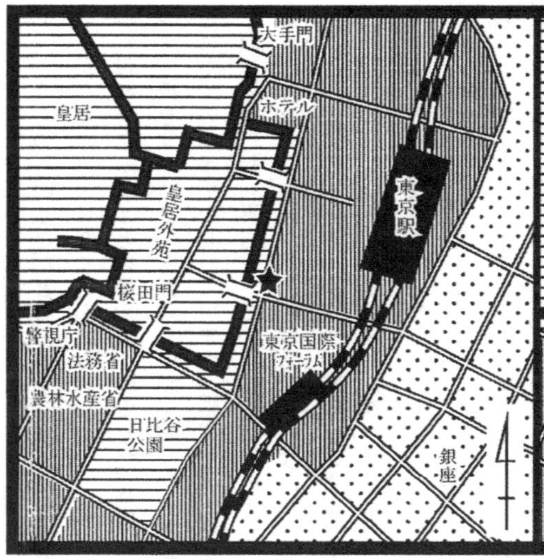

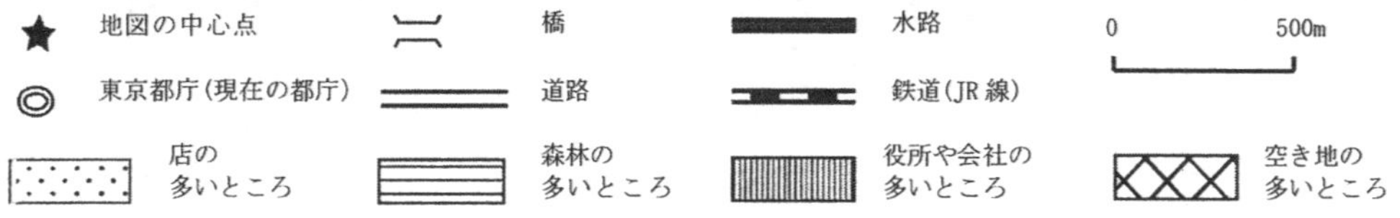

(一) 資料1・2の二枚の地図を比較《ひかく》してわかることとして、正しいものを次の**ア**～**オ**から二つ選び、その記号を書きなさい。

ア 地図の中心点東側には、今も昔も「水路」がある。

イ 地図の中心点北西側には、今も昔も「皇居」がある。

ウ 地図の中心点南西側には、今も昔も「日比谷公園」がある。

エ 地図の中心点南側には、今も昔も「東京府庁」がある。

オ 地図の中心点北側には、今も昔も「軍施設《ぐんしせつ》」がある。

(二) 資料1の地図が作成された二十世紀はじめの出来事を、次の**ア**～**オ**から一つ選び、その記号を書きなさい。

ア 東海道新幹線が開業した。

イ ペリーが来航し、幕府に開国をせまった。

ウ 幕府の役所を京都の室町《むろまち》に置いた。

エ 小村寿太郎《じゅたろう》が条約改正を達成した。

オ 五箇条《かじょう》の御誓文《ごせいもん》が発表された。

(三) 資料1・2に示された「皇居」の位置には、もともと江戸城《えどじょう》があり、江戸幕府が置かれていました。江戸幕府は、武家諸法度《ぶけしょはっと》を制定するなど、大名を統制するための制度をととのえました。その一つとして、大名を一年おきに領地と江戸を往復させた制度の名称《めいしょう》と、この制度を武家諸法度に付け加えた人物名をそれぞれ書きなさい。

(四) フランスのパリから転校してきたカトリーヌさんは、東京駅が都市の中心にあることを知り驚《おどろ》きました。そこで二人は東京とパリの歴史を調べ、比べることで東京駅が都市の中心にある理由について考えました。次の資料3は、二人が調べてわかったことです。資料1から資料3を参考に、社会的な背景と地理的な条件にふれながら、東京駅が都市の中心にある理由を、七十字以上九十字以内で書きなさい。

〔資料3〕

- 百年前、東京はパリと同様に大都市であり、江戸城を中心に人口が集中していた。
- パリでは都市の中心に人口が集中していたため、大きな駅は周辺につくられた。
- 明治政府は、江戸幕府から引《ひ》き継《つ》いだ皇居周辺の土地に、府庁をはじめ行政を担当する役所をつくった。
- 明治維新《いしん》後、日本各地に鉄道路線ができた。
- 明治政府は、東京を代表する大きな中央駅をつくろうと考えた。

(五) 資料4は、二人の東京での見学先の一つです。この建物で行われている主な仕事として適切なものを、次の**ア**～**オ**から一つ選び、その記号を書きなさい。

ア 外国と条約を結ぶ仕事。

イ 国のきまりである法律を定める仕事。

ウ 争いごとを解決したり、罪のあるなしを決めたりする仕事。

エ 予算案をつくる仕事。

オ 法律が憲法に違反《いはん》していないかどうかを判断する仕事。

〔資料4〕

(六) 二人はバスで東京へ移動する予定であることから、道路の歴史と自動車での荷物の運搬《うんぱん》に関して調べました。資料5は、道路の歴史をまとめたものです。資料6は、自動車が運んだ荷物の輸送重量距離《きょり》(運んだ荷物の重量と距離の積)と、国民の平均給与額《きゅうよがく》(勤め先から支払《しはら》われる金額)のそれぞれの変化を示したものです。資料5と資料6を参考に、経済・交通に関する世の中の変化にふれながら、自動車が運んだ荷物の輸送重量距離が、一九六〇年から一九七〇年に大きく増えた理由を考えて書きなさい。

〔資料5〕

年	出来事
1954	道路整備をすすめる長期計画が定められた。
1957	高速道路建設をすすめる法律がつくられた。
1963	日本初の高速自動車道(名神高速道路の一部)が開通した。
1969	東京と大阪《おおさか》が高速道路で結ばれた。

(国土交通省資料より作成)

〔資料6〕

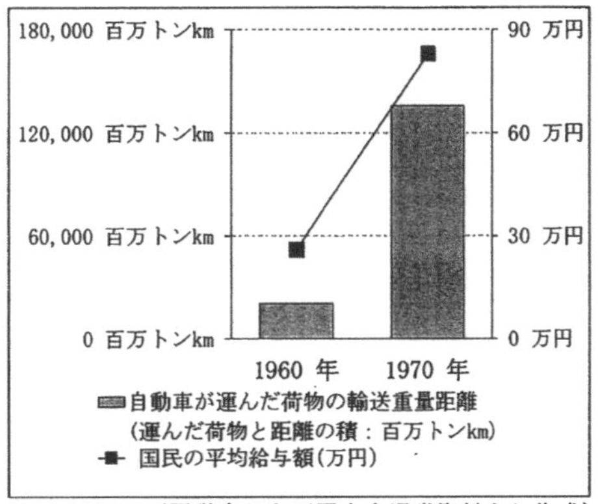

(国税庁および国土交通省資料より作成)

二　次の文章を読み、各問いに答えなさい。

食べるという行為《こうい》が今後どのように変わっていくのか、そんな未来の予想はあまりなされません。「食べもの」は、「乗りもの」や「建てもの」と比べて地味な印象があるかもしれません。あるいは、人間は食べないと生きていけないから、そんなに変わることはないのでは、と思う人もいるでしょう。けれども、食べものの未来を考えることも、とくに若い人たちにとってはとても重要です。なぜなら、未来が自分たちの望むとおりに変化してくれればよいのですが、必ずしもそうではない可能性があるからです。

たとえば、こんな未来だって思い描《えが》くことができます。一日一回、小さな食べものを食べて、それで一日分の栄養補給ができるという世の中です。知人から聞いたのですが、ある集まりで、食べる体験をヴァーチャルリアリティなどの力を借りて、できるだけリアルにしようと考えている人が、その目的として「食べるという煩《わずら》わしいことから人間を解放するために」と言ったそうです。食べることが①「煩わしい」と考える人がいることに、わたしはとても驚《おどろ》きました。そして、この話を聞いて気づきました。もっと仕事をするためには、もっと経済成長するためには、ご飯の時間を削《けず》って働いてくれたほうがよい、と考える人には、こうした技術が完成するのはありがたいことなのかもしれない。人間が食べる時間を節約できれば、もっと人類のぶんかげいじゅつのはってんにやくだつと考える人にとっても、やはり素晴《すば》らしい話なのかもしれません。食べることが数秒で終わってしまう未来。その代わり、食べる時間を、映画、読書、ショッピングなど、別の楽しいことに充《あ》てることができる未来。みなさんはいかがでしょうか。

②わたしは食べることをやめて、もっと勉強時間を増やす、とか、人類の文化をより高尚《こうしょう》なものにするとかいうことには大きな疑問を感じる人間です。

なぜかといいますと、一つは、食事みたいな楽しいことが人びとの暮らしからなくなってしまうのは、もったいないと思うからです。この楽しみを失ってまで到達《とうたつ》すべき高尚な文化などあるのでしょうか。たしかに、わたしだって、食べることを忘れて仕事に没頭《ぼっとう》することもあります。だけれども、その仕事が終わったあとに食べるご飯はまた格別のおいしさです。わたしが単純に食《く》いしん坊《ぼう》だけなのかもしれませんが、こんなに楽しいことができなくなるなんて、とてもつらいことだと思います。現に病気で食べることが難しくなって元気がなくなる人はたくさんおられます。

古くからの親友がこんなことを教えてくれました。鳥取の病院で働く彼《かれ》は、病気になってご飯を飲み込《こ》むことが難しいお年寄りにつきそって、ご飯をかんで飲み込むためのお手伝いをしています。彼が言うには、胃に穴をあけて、そこからご飯を流し込む「胃ろう」という装置にするよりも、頑張《がんば》って口からご飯を食べられるようになったときの患者《かんじゃ》さんはいつもより生き生きとしていた、と。それで彼は、ギターを持って高齢者《こうれいしゃ》のまえで歌をうたったりしながら、いい雰囲気《ふんいき》をつくることにも労力を割《さ》いたと聞いて、自分はいい友だちをもったな、と、とても感激しました。食べることは、実は、人間が人間であるための根源的な行為だと思うのです。けれども、こういう未来はどんどん現実化しています。サプリメントの誕生や、プロテインバーなどの携帯食《けいたいしょく》の発達です。

二つ目に、こんな未来も描けるかもしれません。できるだけ早く食事が済むように、おいしい味や香《かお》りのするムースやゼリーがどんどん開発され、売られていく、という未来です。これだと、手軽だし、消化も早く、胃腸への負担も少なくなってよいかも、と思う人もおられるかもしれません。実際に、現在、すぐに食べきれるゼリー食品は薬局やコンビニなどで安く手に入れることができます。

食べものからかみごたえがなくなっていく未来。わたしは望ましいものではないと思います。③かむということは、飲み込むことでは得られない栄養を体内に取り込むために必要な行為でありますが、わたしはもっと重要な意味合いがあると思います。人間は給油される自動車ではありません。できるだけスムーズに栄養が体内に注入されることは、人間を自動車にするようなものだと思っています。しかし、人間はかみます。脳内に血が巡《めぐ》ります。しかしそれだけではありません。かむと食事中に時間が生まれます。この時間が、食事に、「共在感覚」、つまり「同じ場所に・ともに・いる」気持ちを生み出すのです。この遠回りの行為が、給油のように直接消化器官に栄養補給しないことが、人間を人間たらしめているように思えます。たとえば、食材である生きものやそれを育ててくれた農家や漁師のみなさん、あるいは、料理をしてくれた人に対して感謝の気持ちをもつことも、人間ならではの感覚だと思うのです。

（藤原辰史《ふじわらたつし》『食べるとはどういうことか』による）

（注）ヴァーチャルリアリティ＝コンピュータ上に作り出す仮想の空間を現実であるかのように知覚させること。
リアル＝実際に存在するさま。
高尚＝学問などの程度が高く、上品なこと。
サプリメント＝栄養補助食品。
プロテインバー＝タンパク質を多くふくんだ棒状の食品。

（一）‖線部を、例のように、漢字を適切に用いて、解答らんのわく内に文字の大きさと配列に気をつけて書きなさい。
例「おおきなぎもんをかんじる」　→　「大きな疑問を感じる」

（二）――線①が書かれている一文を文章中からぬき出し、そのはじめの五文字を書きなさい。

（三）――線②とあるが、筆者はなぜ疑問を感じるのか。その理由として適切なものを、次の**ア**～**エ**から二つ選び、その記号を書きなさい。
ア　食べるという行為の未来が自分たちの望むとおりに変化してくれない可能性があると思うから。
イ　食事みたいな楽しいことが人びとの暮らしからなくなってしまうのは、もったいないと思うから。
ウ　栄養補給のための食事ではなく、おいしい味や香りのするムースやゼリーを食べることも必要だと思うから。
エ　食べることは、人間を生き生きとさせる、人間が人間であるための根源的な行為だと思うから。

（四）――線③と筆者が述べる理由を、分かりやすく説明しなさい。

（五）筆者は、この文章で、自分の考えを読者に伝えるために、どのような工夫をしていますか。あてはまるものを、次の**ア**～**エ**から一つ選び、その記号を書きなさい。
ア　資料にもとづいた具体的な数値を用いて述べている。
イ　自分が体験したことを時間の経過にそって述べている。
ウ　「初め」と「終わり」に同じ考えを重ねて述べている。
エ　人から聞いた話など具体的な例を挙げて述べている。

（六）上の文章に関する次の□内の会話文を読み、後の問いに答えなさい。

先生　下の表は、「食事で重視すること」についての調査結果ですが、この文章とも関連するところがありますね。
翔太　「栄養がとれること」を重視する人は、サプリメントで栄養補給をすることを望ましいと考えているのでしょうか。
先生　そんな考え方もできますね。では、この表も参考にして、未来の食事について考えてみましょう。

食事で重視すること（%）

おいしいものを食べること	40
栄養がとれること	24
楽しく食べること	17
空腹が満たされること	16
簡単にすませること	3

NHK2016年「食生活に関する世論調査」による

問　あなたが望ましいと考える未来の食事について、□内の表も参考にしながら、次の条件に従って作文しなさい。
条件1　原稿《げんこう》用紙の使い方に従って、一六〇字から二〇〇字以内で、二段落構成で書きなさい。ただし、題、自分の名前は書かないこと。
条件2　第一段落には、望ましいと考える未来の食事について具体的に書きなさい。第二段落には、そのように考える理由を書きなさい。

令和２年度

奈良県立青翔中学校入学者選抜検査問題

適性検査２

（40分）

注　意

1　指示があるまで開いてはいけません。

2　解答用紙は、２枚あります。それぞれに、受検番号を忘れないように書きなさい。

3　解答用紙の※印のところには、何も書いてはいけません。

4　答えは必ず解答用紙に書きなさい。

受検番号	

※

合計	※

※150点満点

令和２年度

奈良県立青翔中学校入学者選抜検査

適性検査２

解　答　用　紙

（１枚目）

問題番号		答え		採点
1	(1)	ア	(2) イ	
	(3)	ウ		
		エ		
	(4)	オ		
2	(1)	ア	イ	
	(2)	時間 説明		

小計	※

1
(1)４点
(2)４点
(3)ウ．４点
　エ．13点
(4)４点

2
(1)８点
(2)12点
(3)14点

3
12点

問題番号		答え	採点
2	(3)	時間 説明	
3		面積 説明	

受検番号	

※

合計	※

小計	※

令和２年度

奈良県立青翔中学校入学者選抜検査

適性検査２

解　答　用　紙

（２枚目）

問題番号		答　　　え	採　点
4	(1)		
	(2)		
	(3)	記号	
		理由	

4
(1)12点
(2)７点
(3)18点

5
(1)14点
(2)15点
(3)９点

問題番号		答　　　え	採　点
5	(1)	横の断面 D 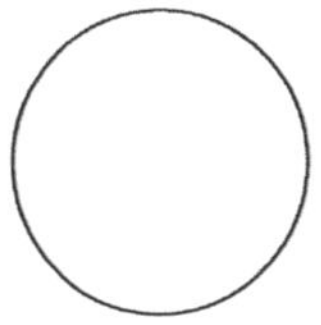 たての断面 E 	
	(2)	○か、×か	
		理由	
	(3)		

1　翔太《しょうた》さんと花子さんは、分数や小数の学習に取り組んでいます。

翔太　$\frac{300}{1485}$ を約分すると、［ア］となります。わり算をして小数で表そうとしましたが、わり切れませんでした。わり算の結果は、0.20202020…… でした。

花子　20という数字の並びがくり返し出てくるね。

先生　このように、商に同じ数字がくり返し出てくるような分数を探してみましょう。例えば、$\frac{1}{9}=0.11111111$……となって 1 という数字がくり返されますよね。翔太さんが計算したわり算の結果は、$\frac{1}{9}$ のときのように、同じ数字の並びがくり返されていますね。それでは $\frac{2019}{9999}$ を小数で表すとどうなりますか。

花子　計算すると、［イ］になります。

先生　$\frac{2019}{9999}$ を小数で表したとき、小数第50位の数字は何ですか。また、そう考えた理由を説明してください。

翔太　小数第50位の数字は［ウ］です。その理由は［エ］です。

先生　それでは、$\frac{2019}{9999}$ を小数で表したときに、小数第1位から小数第50位までに現れる数字50個をすべてたすといくらになりますか。

花子　$\frac{2019}{9999}$ を小数で表したときにくり返される数字のまとまりを考えればわかりますよね。

翔太　わかりました。小数第1位から小数第50位までの数字50個をすべてたすと、［オ］です。

(1)　［ア］にあてはまる分数を答えなさい。

(2)　［イ］にあてはまる小数を、小数第10位を四捨五入して、小数第9位までの小数として答えなさい。

(3)　［ウ］にあてはまる数字を答え、［エ］にその理由を説明しなさい。

(4)　［オ］にあてはまる数字を答えなさい。

2　右の図のように、ア、イの２種類の草かり機があります。学校の中庭全体の草をかるのに、アの草かり機を使うと45分間、イの草かり機を使うと30分間かかります。中庭全体の草をかる仕事の量を１とするとき、例えば、20分間で草をかり終える草かり機の１分間あたりの仕事の量は、$\frac{1}{20}$ と分数で表すことができます。

この考え方をもとに、次の問いに答えなさい。

ア

(1)　ア、イの草かり機の１分間あたりの仕事の量をそれぞれ求めよ。

(2)　両方の草かり機をいっしょに使って、中庭全体の草をかると、何分間かかりますか。時間を求め、考え方を説明しなさい。

(3)　アの草かり機だけを使って18分間草かりをしたあとに、残りをイの草かり機だけを使って草をかることになりました。草かりは、アの草かり機を使いはじめてから何分間で終わりますか。時間を求め、考え方を説明しなさい。

イ

3　下の図のように、正方形ＡＢＣＤの中に、半径２cmの円が４つぴったり入っています。点Ｅ、Ｆ、Ｇ、Ｈは、円の中心で、四角形ＥＦＧＨは１辺４cmの正方形です。このとき、直線ＥＧは辺ＡＤ、辺ＢＣにそれぞれ垂直に交わり、直線ＦＨは辺ＡＢ、辺ＤＣにそれぞれ垂直に交わっています。

図の部分の面積を求め、考え方を説明しなさい。ただし、円周率は3.14とします。

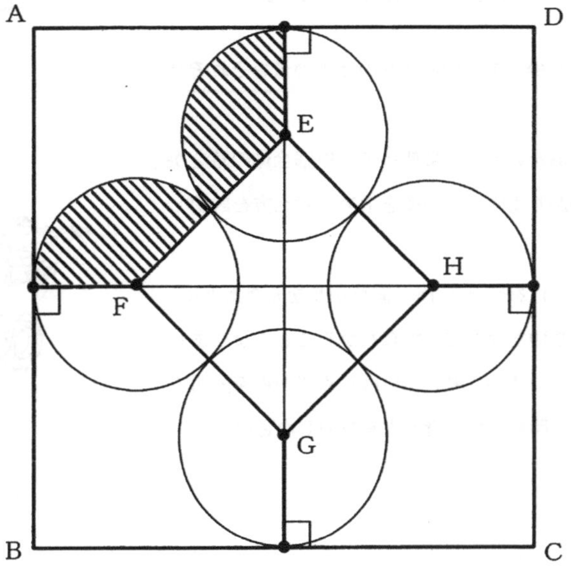

問題は、次のページに続きます

4 翔太さんと花子さんはサラダを作るために野菜を洗っています。プチトマトと大玉のトマトを水の入った容器に入れたところ、プチトマトは沈《しず》んで、大玉のトマトは浮《う》くことに気がつきました。
以下は翔太さんと花子さんの会話です。

翔太　軽いプチトマトの方が沈むなんて意外だね。重い大玉のトマトが沈むかと思ったのに。
花子　浮くか沈むかにはトマト1個の重さは関係ないのかな。トマト1個の重さではなくて、トマトの種類が関係しているのかな。
翔太　そういえば、木製のスプーンは水に浮いて、金属製のスプーンは水に沈むよね。材料の種類によって水に浮くか沈むかが決まっているのかもしれないな。
花子　いろんな材料でできたものが水に浮くか沈むか調べて、確かめてみようよ。

課題　さまざまな材料でできたものを水に入れると、どれが水に浮き、どれが沈むのだろうか。
【実験】下の表にあるものを、完全に水に沈めた状態から手を放し、浮き沈みを観察した。図1はその結果を示したものである。

表

沈めたもの	材料	重さ
はし	ヒノキ	5g
耳かき	竹	1g
孫の手	竹	68g
オモチャのコイン	ポリエチレン	3g
スプーン	ステンレス	18g
はし置き	ガラス	30g
一円玉	アルミニウム	1g

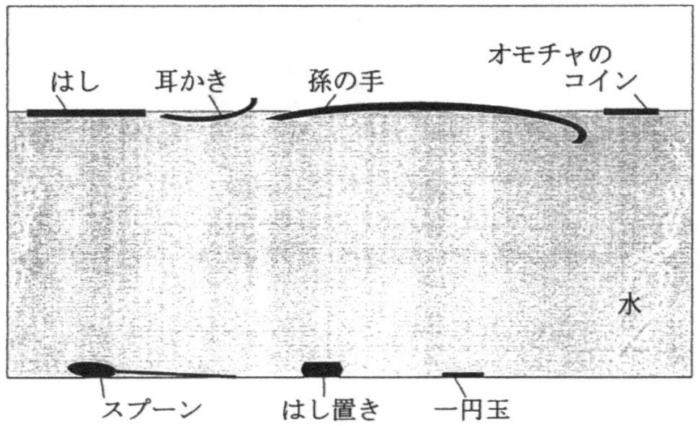

図1

花子　一円玉よりも重い孫の手が浮いているね。竹でできている耳かきと孫の手はどちらも浮かんでいる。やっぱり、一つ一つの重さではなく、材料の違《ちが》いで浮くか沈むかが決まっているのかな。
翔太　それじゃあ、材料ごとに同じ体積あたりの重さを比べてみようよ。ここにいろいろな材料の1 cm^3あたりの重さをまとめた資料があるよ。資料の数値を見ると、A1 cm^3あたりの重さが水より軽い材料でできたものは水に浮いて、重い材料でできたものは水に沈んでいるね。

資料　1 cm^3あたりの重さ

ヒノキ	0.41g
竹	0.65g
ポリエチレン	0.95g
水	1.0g
ガラス	2.5g
アルミニウム	2.7g
ステンレス	7.9g

花子　本当だね。あれ、でもちょっと待って。氷は水に浮くよね。B氷も水も同じ材料だから同じ重さのはずなのに、どうして浮くのかな。
翔太　水は氷になると体積が大きくなるから、C同じ体積あたりの重さを比べると、氷は水よりも軽くなるからじゃないかな。

(1) ―― 線部Aについて、アルミニウム製の一円玉は水に沈みポリエチレン製のオモチャのコインは水に浮く理由を、資料の値を用いて、1 cm^3あたりの重さを比べることで説明しなさい。
(2) ―― 線部Bについて、水を冷やし続けると固体の氷になるが、熱し続けて気体になったものは何というか答えなさい。
(3) ろうそくに使われている「ろう」は熱し続けると液体になり、冷えると固体にもどる。図2はその様子を示したものである。水が氷になるときとは異なり、液体のろうが冷えて固体になると体積は小さくなる。図3のように液体のろうの中に固体のろうを入れると、固体のろうはどうなるか。浮くと考えるなら「ア」、沈むと考えるなら「イ」の記号で答えなさい。また、そう考えた理由を ―― 線部Cを参考にして説明しなさい。

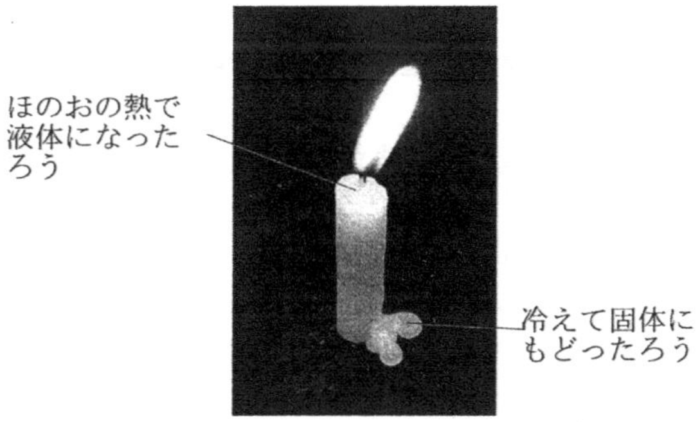

図2

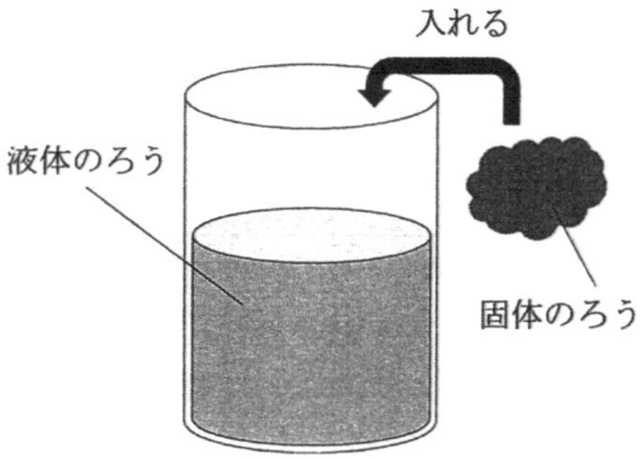

図3

5 翔太さん、太郎《たろう》さん、花子さんは大台ヶ原《おおだいがはら》へハイキングに行きました。

大台ヶ原の中を歩いていると、道の両側に樹皮をはがされた木が見られました。樹皮をはがされてむきだしになっているところをよく観察すると、樹液がしたたり、幹（木のくきのこと）の内部まではぎとられていることがわかりました。大台ヶ原ではリョウブやトウヒとよばれる木の樹皮をシカがはぐことなどにより木が枯《か》れることが知られています。

以下は翔太さん、太郎さん、花子さんの会話です。

翔太　樹皮をはがされて、枯れている木がたくさんあるよ。

太郎　そうだね。枯れている木は幹の樹皮が一周すべてはがされているね。幹の一部しかはがされていない木は枯れていないよ。

翔太　A どうして幹の樹皮を一周すべてはがされた木は枯れているのかな。何か調べる方法はないだろうか。

太郎　そうだね。帰ってから考えてみよう。ところで、B どうして大台ヶ原のシカは、リョウブやトウヒの樹皮をはぐのかな。

花子　冬のえさ不足が原因ではないのかな。例えば、富士山のある調査区では、シカはえさが少ない冬の終わりにより多くの栄養を求めてシラビソという木の樹皮をはぐことが知られているよ。だから、C 大台ヶ原でもシカはえさが不足する冬に、栄養を求めて樹皮をはぐのではないかな。

翔太さんは――― 線部Aの原因は、シカがリョウブの樹皮をはぐと、幹の中の水の通り道がうばわれ水が不足するからだと考えました。そこで、翔太さんは、幹の中の水の通り道がどの部分にあるかを調べるために、次の実験をしました。リョウブを大台ヶ原から持ち帰ることはできないので、リョウブと同じくきのつくりをしているホウセンカを使うことにしました。

課題１　ホウセンカの根から、色をつけた水を吸わせると、くきのどの部分が染まるのだろうか。

【実験】

1　ホウセンカを土からほり上げ、根についた土を水中で洗い流した。

2　ホウセンカの根を赤い色素を含《ふく》んだ水につけた。なお、この赤い色素はホウセンカの生存に影響《えいきょう》はない。

3　しばらく光のあたる場所に置き、その後、図１のようにくきを横とたてに切った。

4　くきの内部のどの部分が赤く染まったかを観察した。

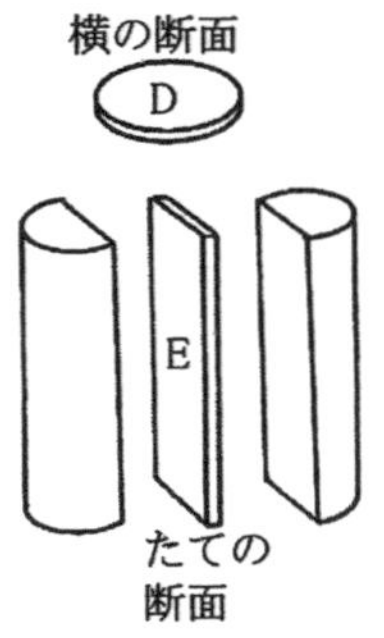

図１

太郎さんは――― 線部Bについて考えるために、大台ヶ原の動植物に関する下の資料を見つけました。そして、これらの資料をもとに――― 線部Cの花子さんの意見が正しいか確かめてみることにしました。

なお、図２～図５の資料の値《あたい》はどの年であってもほぼ一定とします。また、ここでは５月～６月を春、７月～９月を夏、10月～11月を秋、12月～翌年４月を冬と考えることにします。

課題２　「大台ヶ原でもシカはえさが不足する冬に、栄養を求めて樹皮をはぐ」という花子さんの意見は正しいのだろうか。

【資料】

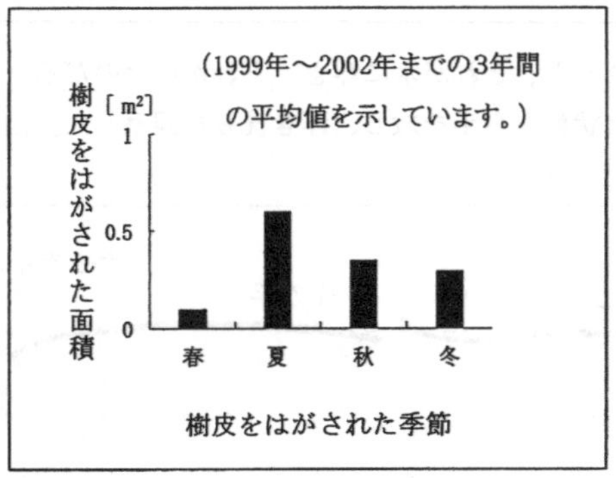

図２　樹皮をはがされた面積と季節

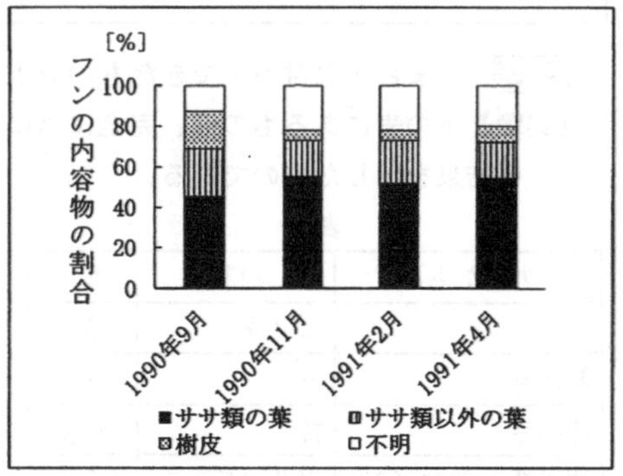

図３　シカのフンの内容物の割合の季節変化

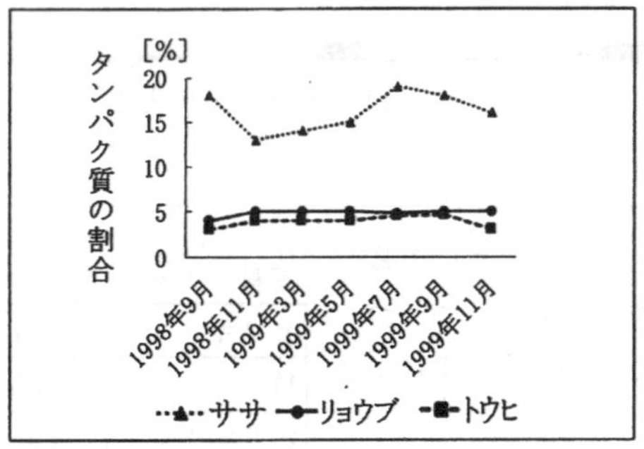

図４　ササの葉、リョウブとトウヒの樹皮に含まれるタンパク質の割合と季節変化

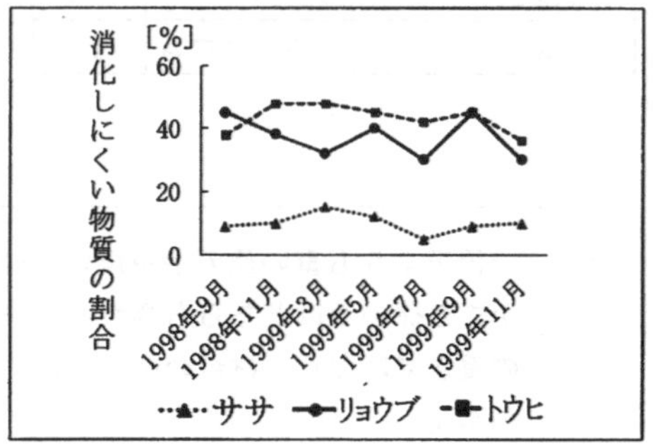

図５　ササの葉、リョウブとトウヒの樹皮に含まれる消化しにくい物質の割合と季節変化

※　大台ヶ原では一年を通じてシカのえさとなるササが十分にある。

(1)　課題１について、図１のくきの横の断面Dとたての断面Eの赤く染まった部分をそれぞれ解答用紙の図中に記入しなさい。

(2)　課題２について、――― 線部Cの花子さんの意見を正しいと考えるなら「○」、正しくないと考えるなら「×」の記号で答えなさい。また、そう答えた理由を、資料から読み取ったことをもとに説明しなさい。なお、図２～図５の資料を複数用いて説明してもかまいません。

(3)　あなたなら、資料から、大台ヶ原のシカのえさの食べ方について、新たにどのような疑問をもちますか。その疑問を書きなさい。なお、疑問に対する答えを書く必要はありません。

令和６年度

奈良県立国際中学校入学者選抜検査問題

適性検査Ⅰ

（40分）

注　　意

１　指示があるまで開いてはいけません。

２　解答用紙は２枚あります。それぞれに，受検番号を忘れないように書きなさい。

３　解答用紙の※のところには，何も書いてはいけません。

４　答えは必ず解答用紙に書きなさい。

受検番号

令和6年度　奈良県立国際中学校入学者選抜検査

適性検査Ⅰ　解答用紙

※100点満点

※

合計

※

1
(一) 2点×4
(二) 1．2点
　　 2．1点×2
(三) 4点
(四) 4点
(五) 5点
(六) 5点
(七) 20点

(一枚目)

問題番号	1		
答え	(一)	(二)	(三)
	①	1	
	②	2 ㋐	
	③	㋑	(四)
	⑤		(五)
			(六)
採点			

1

(七)

200字

150字

小計

※

受検番号	

※

令和６年度

奈良県立国際中学校入学者選抜検査

適性検査Ⅰ

解　答　用　紙

（２枚目）

問題番号			答え	採点
2	(1)			
	(2)	制度		
		人物		
	(3)	①		
		②		
	(4)			
	(5)			

小計	※

2
(1)３点
(2)４点×２
(3)①４点
②６点
(4)３点
(5)６点
(6)①６点×２
②８点

問題番号			答え	採点
2	(6)	①絵画	30	
		①石碑	30	
		②	40 60	

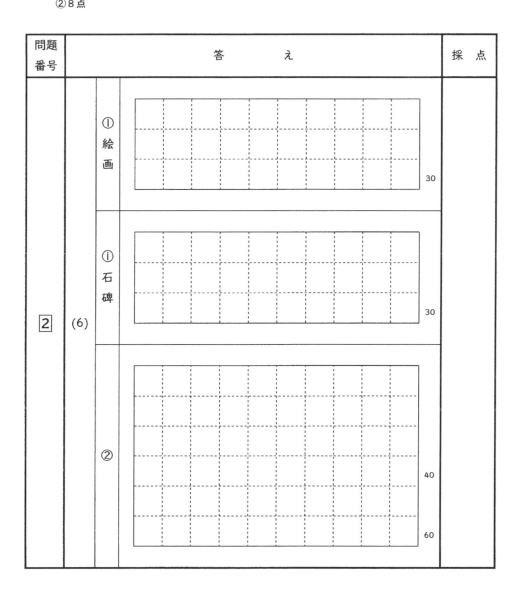

1

次の文章を読んで、後の問いに答えなさい。

お詫び
著作権上の都合により、文章は掲載しておりません。
ご不便をおかけし、誠に申し訳ございません。
教英出版

（矢萩邦彦《やはぎくにひこ》『正解のない教室』による）

（注）　中世＝鎌倉《かまくら》時代から室町《むろまち》時代にかけての年代。
客観＝自分とはちがう立場ではなれて物事を考えること。
うつろい＝移り変わること。　　雑踏＝人ごみ。
覚醒＝目が覚めている様子。
瞑想＝目を閉じて、現実からはなれて深く静かに考えること。
理性＝人間に備わっている、物事の正しさを考えて判断する力。

(一)　□①・②・③・⑤のカタカナを漢字で書きなさい。

(二)　□④はどういう意味か、あなたは考えました。近くに辞書はないので、手がかりとして漢字一字ずつの意味を考えます。

1．「補」の訓読みを平仮名で答えなさい。なお、送り仮名は書かないこと。

2．㋐「完」から始まる二字熟語を本文中から一つ探し、ぬき出して答えなさい。

㋑「完」から始まる二字熟語を㋐とは別に一つ考え、漢字で答えなさい。

(三)　――線**A**はどういう意味だと考えられますか。本文中からぬき出して答えなさい。

(四)　――線**B**を読んだあなたは、語句の順番を変えた短歌をいろいろと作ってみました。本文中の短歌を、筆者が言う「編集」前にしたものとして、最も近い作品はどれですか。次の**ア**〜**エ**から一つ選び、記号で答えなさい。なお、意味は変わらないように言葉を足したりけずったりしたところがあります。

ア　秋の夕浦の苫屋を見渡せば花も紅葉もそこになかりけり

イ　見渡せば紅葉も花もなかりけり浦の苫屋の秋の夕暮

ウ　なかりけり花も紅葉も見渡せば秋の夕暮浦の苫屋の

エ　花紅葉浦の苫屋の秋の夕そこになかりけり見渡してみると

(五)　――線**C**の本文中での意味として最も適切なものを、次の**ア**〜**エ**から一つ選び、記号で答えなさい。

ア　月を見たい気持ちはないのに月が存在する。月が存在するのに月を見たい気持ちはない。

イ　月が存在しないのに月を見たい気持ちはある。月が存在するのに月を見たい気持ちはない。

ウ　月を見たい気持ちはないのに月が存在する。月を見たい気持ちはあるのに月が存在しない。

エ　月が存在しないのに月を見たい気持ちはある。月を見たい気持ちはあるのに月が存在しない。

(六)　段落 ※ で筆者が言いたいことは何ですか。次の**ア**〜**エ**から一つ選び、記号で答えなさい。

ア　学校や会社などに存在するものは有限だが存在しないものは無限にあるという事実は、なかなか思い浮かびにくいということ。

イ　自然のなかにいるとメロディーやハーモニーが聞こえることからも分かるように、現代社会には不自然な刺激が多すぎるということ。

ウ　ある場所に存在しないもののほうが存在するものよりも多いにもかかわらず、存在しないものを想像するのは難しいということ。

エ　よく行く場所にないものを想像するよりもあるものを想像するほうが簡単なのは、あるものの数のほうが多いからだということ。

(七)　――線**D**に興味をもったあなたは、本文中の短歌・俳句との関係を考えてみました。そこで、「**本文中の短歌・俳句の内容における、アイソレーションタンクのようなものとは何か**」というテーマで考えたことをまとめてみることにしました。次の条件1〜3に従って書きなさい。

条件1　本文★以降の内容をふまえ、「アイソレーションタンク」という言葉を必ず用いて、本文中の短歌と俳句両方について説明すること。

条件2　二段落構成とすること。

条件3　題や名前は書かず、縦書き、百五十字以上二百字以内で書くこと。

2 ひかるさんは，授業で学習した絵画に興味をもち，調べることにしました。次の[ ]内は，ひかるさんが調べた内容を，ノートにまとめたものの一部です。各問いに答えなさい。

> 江戸時代には，歌舞伎役者《かぶきやくしゃ》や人々の日常の姿を題材とした版画が印刷され，たくさんの人々が買い求めました。風景画として有名なA「東海道五十三次《とうかいどうごじゅうさんつぎ》」には，江戸から京都までの風景がえがかれており，この作品から，私たちはB江戸時代のようすやC人々のくらしを知ることができます。
>
> Dオランダのゴッホは，江戸時代にえがかれた版画の構図や色づかいをまねて，えがいた絵を残していることから，当時の日本の文化がヨーロッパの画家たちに影響《えいきょう》を与えていたことがわかります。今後はE歴史に関するほかの時代の絵画についても調べてみたいと思います。

(1) **資料1**は，下線部**A**の一部です。下線部**A**をえがいた人物と，下線部**A**に代表される絵画の種類の組み合わせとして正しいものを，下の**ア**～**エ**から１つ選び，その記号を書きなさい。

資料1

ア	人物：雪舟	種類：浮世絵	**イ**	人物：雪舟	種類：水墨画
ウ	人物：歌川広重	種類：浮世絵	**エ**	人物：歌川広重	種類：水墨画

(2) ひかるさんは，下線部**B**について調べ，**資料2**を見つけました。**資料2**には，武家諸法《ぶけしょはっ》度《と》において定められた制度にもとづいて，大名が家来《けらい》を引き連れて，領地と江戸を行き来したようすがえがかれています。この制度の名前と，制度を定めた人物の名前を書きなさい。

資料2

(3) ひかるさんは，下線部**C**について調べ，江戸時代には現在の静岡県で茶の栽培《さいばい》が行われていたことを知りました。茶の栽培には，気候が影響していると考えたひかるさんは，太平洋側の静岡市と日本海側の新潟市の気温と降水量をくらべてみました。次の**ア**と**イ**は，静岡市と新潟市のいずれかの気温と降水量を示したグラフです。下の各問いに答えなさい。

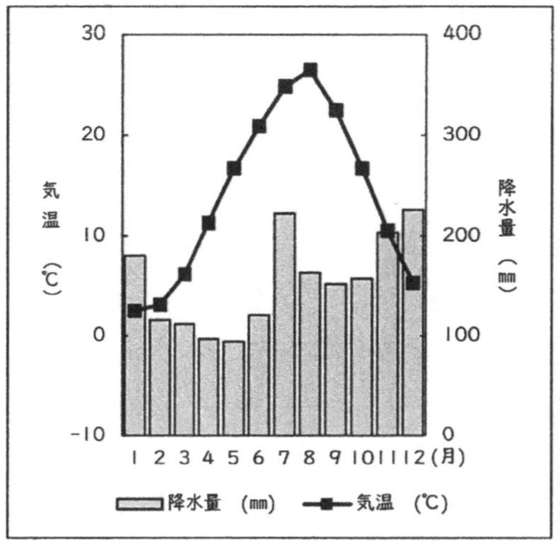

ア

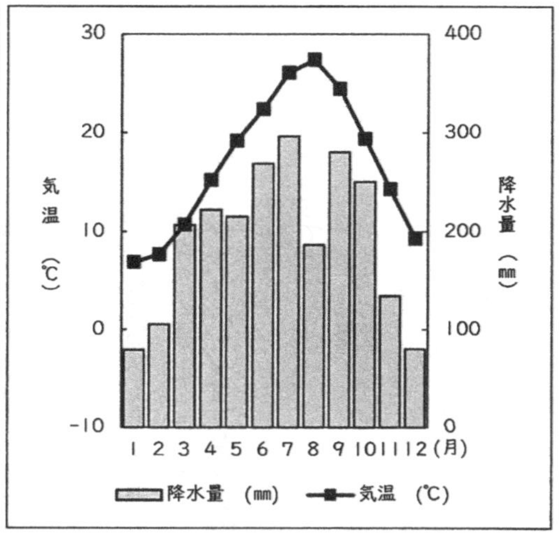

イ

（気象庁 Web サイトより作成）

① 静岡市のグラフは，**ア**と**イ**のどちらですか。**ア**と**イ**のどちらかの記号を書きなさい。

② **ア**と**イ**のグラフを参考にして，太平洋側の気候の特色について，**「季節風」**という言葉を使って書きなさい。

(4) 下線部**D**について，次の□内の空らん（ **a** ），（ **b** ）に当てはまる言葉の組み合わせとして正しいものを下の**ア**～**エ**から１つ選び，その記号を書きなさい。

18 世紀のなかばに，オランダ語の書物を通して，ヨーロッパの学問を研究する蘭《らん》学《がく》が盛んになりました。 蘭学を学んだ医者の（ **a** ）や前野《まえの》良沢《りょうたく》は，オランダ語で書かれた人体かいぼう書をほん訳し『解体新書』を出版しました。	20 世紀のなかばに，世界の平和と安全を守るために設立された（ **b** ）には，ユニセフやユネスコなど，目的に応じた機関があります。オランダのハーグには，（ **b** ）の主要な司法機関である，国際司法裁判所が設置されています。

ア　**a**　杉田玄白　　**b**　国際連盟　　　**イ**　**a**　杉田玄白　　**b**　国際連合
ウ　**a**　本居宣長　　**b**　国際連盟　　　**エ**　**a**　本居宣長　　**b**　国際連合

(5) 下線部**E**について，**資料３**は日清戦争前の国際関係についてえがかれた風刺画《ふうしが》です。この風刺画が表している国際関係について，風刺画の中で人物や魚として表されている４か国の国名をあげながら書きなさい。

資料３

(6) **資料４**は，1783 年の浅間山《あさまやま》の噴火《ふんか》のようすをえがいた絵画です。また，**資料５**は，同じ浅間山の噴火を記録した石碑《せきひ》で，□内はその石碑に記された内容を示しています。

資料４，**資料５** を参考に下の各問いに答えなさい。

資料４

浅間山の噴火の影響で，天明《てんめい》3年７月５日(1783 年８月２日)から７月８日(旧暦《きゅうれき》)まで，火山灰や岩屑《がんせつ》なだれが麓《ふもと》の村々《むらむら》を襲《おそ》った。岩屑なだれは約 20km 先の吾妻川《あがつまがわ》に流れ込《こ》むと大泥《だいでい》流《りゅう》となり，住民，人家，山林，田んぼ等に大きな被害《ひがい》を与えた。

資料５

(国土地理院 Web サイトより作成)

(注) 石碑＝人の功績や出来事などについて，石に文を刻んだもの
旧暦＝明治５年(1872 年)まで使われていた暦《こよみ》
岩屑＝岩石の破片

① 自然災害の記録を残すときに，絵画で記録することと，石碑に文章で記録することには，どのような効果があると考えられますか。それぞれ 30 字以内で書きなさい。

② あなたの身近に実際に起こるかもしれない自然災害の種類を１つ挙げて，その災害に対応した防災の取り組みや行動について，あなた自身や身近な人ができることを，40 字以上 60 字以内で書きなさい。

令和６年度

奈良県立国際中学校入学者選抜検査問題

適性検査２

（40分）

注　　意

１　指示があるまで開いてはいけません。

２　解答用紙は２枚あります。それぞれに，受検番号を忘れないように書きなさい。

３　解答用紙の※印のところには，何も書いてはいけません。

４　答えは必ず解答用紙に書きなさい。

受検番号	

※

合計	※

※100点満点

令和6年度

奈良県立国際中学校入学者選抜検査

適性検査2

解 答 用 紙

（1枚目）

問題番号	答　え			採点
1	(1)	午後　　　時　　　分		
	(2)	①	個	
		②	cm^2	

小計	※

1
(1)10点
(2)10点×2

2
(1)10点
(2)平均…4点
　求め方…6点

問題番号	答　え			採点
2	(1)			
	(2)	平均	人	
		求め方		

受検番号	

※

小計	※

令和６年度

奈良県立国際中学校入学者選抜検査

適性検査２

解 答 用 紙

(2枚目)

問題番号			答　え	採 点
3	(1)			
	(2)	実験方法		
		結果		
	(3)			
	(4)			

3
(1)３点
(2)５点×２
(3)６点
(4)６点

4
(1)７点
(2)５点
(3)５点
(4)８点

問題番号		答　え	採 点
4	(1)		
	(2)		
	(3)		
	(4)		

1 国際中学校のひかりさんとみらいさんは，以下のように会話をしています。次の問いに答えなさい。

ひかり：来週，アメリカから私たちのクラスに留学生が来るね。
みらい：楽しみだね。留学生はひかりさんの家から学校に通うんだよね？
ひかり：うん！㋐家から関西空港駅まで迎えに行くんだ。
みらい：留学生はいつ日本に着くの？
ひかり：日本には，２月 10 日の午後３時に着くって聞いたよ。
みらい：㋑留学生が来るまでに，私たちの自己しょうかいをカードに書いて，教室にはって準備しておこうよ！
ひかり：そうだね！

（１） 下線部㋐について，ひかりさんは留学生と関西空港駅で待ち合わせをしています。ひかりさんの家から最も近い駅はＹ駅です。下に示す【家から関西空港駅までの行き方】で，関西空港駅に午後３時ちょうどに着く電車に乗るためには，おそくとも午後何時何分に家を出発する必要がありますか。

【家から関西空港駅までの行き方】
○家からＹ駅までは自転車で行き，Ｙ駅から関西空港駅までは電車で行く。
○自転車の速さは分速 250ｍ で，電車の速さは時速 80 ㎞とする。
○家からＹ駅までの道のりは３㎞，Ｙ駅から関西空港駅までの道のりは 96 ㎞である。
○Ｙ駅に着いてから電車に乗るまでは７分かかる。
○自転車や電車は一定の速さで進むものとする。

（２） 下線部㋑について，教室に 37 人分のカードをはることにしました。カードの形はすべて正方形で，１辺の長さは 12 ㎝です。次の問いに答えなさい。

① 図１のように，カードの４すみを画びょうでとめて重ねながら規則正しくかべにはり付けます。このとき，37 枚のカードをはるために必要な画びょうは全部で何個ですか。 ただし，図１の○は画びょうを表しています。

図１

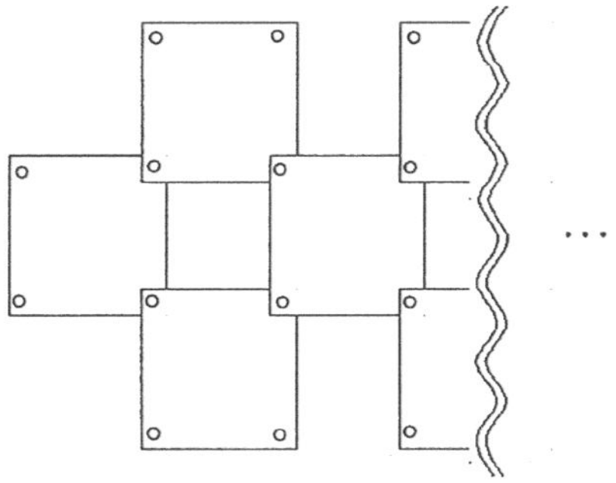

② 正方形の台紙の上にカードを４枚はります。図２のように，台紙を正方形ＡＢＣＤとし，それぞれのカードの２つの頂点は正方形ＡＢＣＤの辺上にあるとします。カードとカードが重なっている部分はすべて正方形で，その正方形の１辺の長さは１㎝です。図２において，黒くぬられている部分の面積を求めなさい。

図２

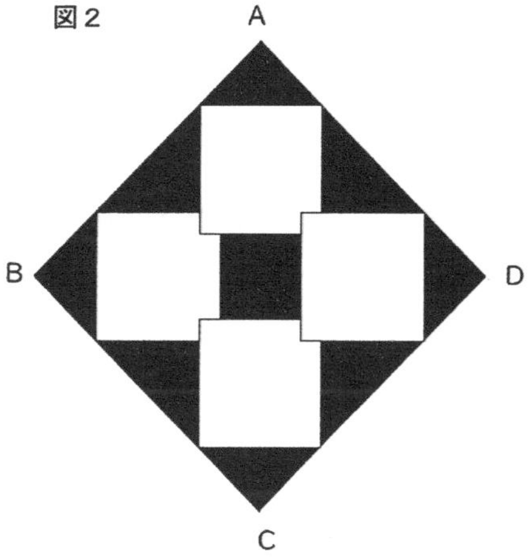

2 国際中学校の1年1組では，生徒 37 人と先生2人で，留学生1人に学校の周辺を案内することにしました。1年1組の生徒は，学校の周辺にあるＡ～Ｅの5つのし設について調べています。次の問いに答えなさい。

（1） 資料1～資料5は調べた内容の一部について示したものです。資料6は，1年1組の生徒 37 人にそれぞれのし設を利用したことがあるかアンケートをとった結果です。

資料1

し設Ａの利用料

○中学生以上の1人あたりの利用料は 500 円です。

※ただし，以下の表のような団体割引があります。

【団体割引】

団体人数	中学生以上の1人あたりの利用料（円）
30 人以上	450
50 人以上	400
100 人以上	350

資料2

し設Ｂの利用料

○中学生以上の1人あたりの利用料は 350 円です。

※ただし，以下の表のような団体割引があります。

【団体割引】

団体人数	中学生以上の1人あたりの利用料（円）
20 人以上	300
40 人以上	250
60 人以上	200

資料3

し設Ｃの年代別利用者数の割合（2023 年2月）

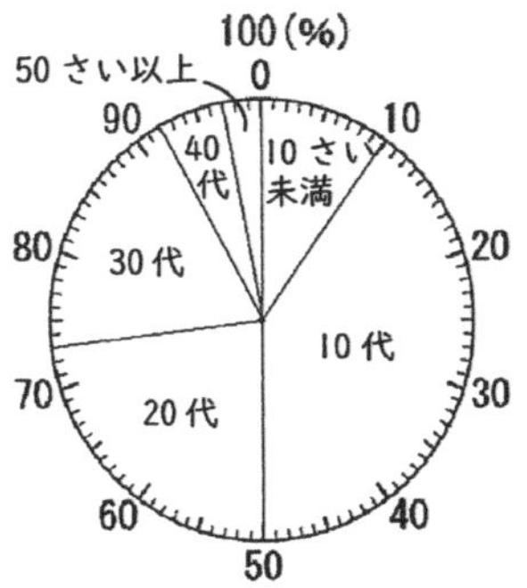

資料4

し設Ｄの年代別利用者数の割合（2023 年2月）

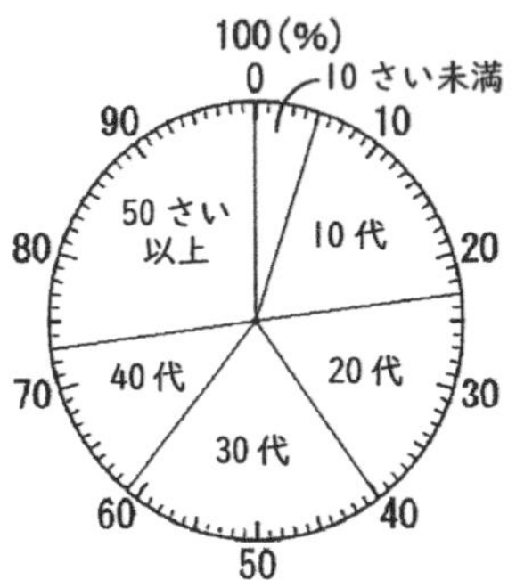

資料5

し設Ａ～し設Ｅの利用者数（2023 年2月）

し設名	人数（人）
し設Ａ	2130
し設Ｂ	2200
し設Ｃ	2710
し設Ｄ	3300
し設Ｅ	2860

資料6

利用したことがあると回答した生徒の人数

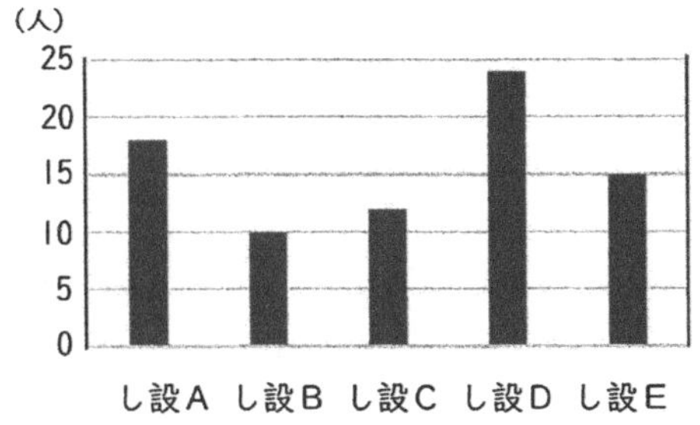

次のア～オのことがらについて，資料からわかることとして正しいものをすべて選び，その記号を書きなさい。

ア 団体割引を用いて 40 人（中学生以上）で入館するとき，し設Ａの1人あたりの入館料は，し設Ｂの1人あたりの入館料の 1.5 倍である。

イ 1年1組の生徒の中で，し設Ｂとし設Ｅの両方を利用したことがある生徒は 10 人以下である。

ウ 2023 年2月のし設Ｄの利用者数全体の $\frac{1}{4}$ が 20 さい未満の利用者である。

エ し設Ａ～し設Ｅの 2023 年2月の利用者数の平均は，し設Ｃの 2023 年2月の利用者数と等しい。

オ し設Ｃとし設Ｄの 2023 年2月の 10 代の利用者数の差は 490 人である。

（2） ある一日のし設Ａ～し設Ｅの利用者数について調べたところ，し設Ａとし設Ｂの利用者数の合計は 190 人であった。また，し設Ｃとし設Ｄとし設Ｅの利用者数の平均は，し設Ａ～し設Ｅの利用者数の平均より6人多い。このとき，し設Ａ～し設Ｅの利用者数の平均を求めなさい。また，その平均の求め方について，式と言葉を用いて説明しなさい。

3　まことさんとみらいさんは，近年の地球の気温が高くなっていることについて話しています。□の中は，まことさんとみらいさんの会話です。各問いに答えなさい。

みらい：この前お母さんと，今年の夏はとても暑いねって話していたんだ。今は昔と比べて気温が少しずつ上がってきているんだって。これは地球温暖化の影響らしいよ。 まこと：地球温暖化って何なの。 みらい：地球温暖化とは，人間の活動が活発になるにつれて，空気中に含まれる二酸化炭素の割合が増えることで，地球全体の平均気温が上がる現象のことだよ。 まこと：地球温暖化によって，どんなことが起こるのかな。 みらい：以前ニュースで聞いたんだけど，地球温暖化によって海水面が上しょうするそうだよ。そのせいで，海水面からの高さが低い島などはしずんでしまうらしいよ。 まこと：どうして地球温暖化によって海水面が上しょうしてしまうのかな。

（１）　まことさんとみらいさんは，海水面が上しょうする原因の一つは，地球温暖化による海水の温度の上しょうに関係があると考え，以下の方法で実験を行いました。

【実験】

手順１　下の図のように，丸底フラスコに水をいっぱいまで入れ，ガラス管がついたゴムせんをはめる。

手順２　ビニルテープで，ガラス管の水面の位置に印をつける。

手順３　丸底フラスコを50℃の湯に入れてあたため，ガラス管の中の水面の位置の変化を見る。

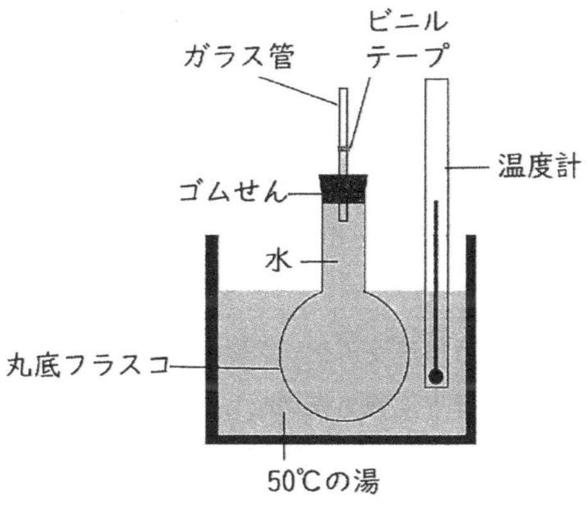

実験の結果，ガラス管の中の水面の位置は上へ動きました。このことから，水はあたためられることでどのようになるといえるか書きなさい。ただし，丸底フラスコとガラス管の形や大きさは，変化しないものとします。

（２）　まことさんとみらいさんは，北極の海でういている氷は海水がこおってできていることや，地球温暖化によって北極の海の氷がとけて減っていることを知りました。そこで，２人は北極の海でういている氷がとけることで海水面が上しょうするのではないかと考え，氷を北極の海の氷に，水を海水にそれぞれ見立てて，ある実験を行いました。そして，その実験の結果から，北極の海でういている氷がとけても海水面の高さは変化しないと判断しました。２人はどのような実験を行ったと考えられますか。その方法を次の用意するものをすべて使って文章で答えなさい。また，実験によってどのような結果が得られたと考えられますか。文章で答えなさい。ただし，２人は得られた実験の結果から正しく判断したものとします。

用意するもの

氷，水，ビーカー，ビニルテープ

（３）　まことさんは，近年大雨の回数が増加していることを知り，大雨によって雨水が海に流れ込むことも海水面が上しょうする原因の一つだと思いました。しかし，理科の授業で学んだ内容から雨水が海に流れ込むことは海水面が上しょうする主な原因ではないと気づきました。このように考えた理由を「水蒸気」という言葉を使って文章で答えなさい。

（４）　まことさんとみらいさんは，海水面が上しょうする原因についてさらに調べることにしました。その際に，「地球上の水の量」についての表を見つけました。下の表から考えられる，地球温暖化によって海水面が上しょうする原因を，「淡水《たんすい》」に注目して文章で答えなさい。なお，表の数字は地球上の水全体にしめる割合を示しています。

地球上の水の量

海水　97.47%		
淡水　2.53%	氷河等	1.76%
	地下水	0.76%
	河川・湖等	0.01%

（環境省　環境白書・循環型社会白書・生物多様性白書より作成）

※淡水：塩分をほとんど含まない水。
　氷河：陸上に降り積もった雪が長い時間をかけて圧縮され，氷となったもの。

4 海の中には多くの生き物がすんでいます。しかし，海の中にすむ動物の行動を，人が長時間にわたって観察することは難しく，その実態はほとんどわかっていません。そのような海の動物の行動を観察する方法として，バイオロギングがあります。バイオロギングでは，小型の記録計（データロガー）を動物の体に取り付けます。データロガーに記録された様々なデータを分析することで，これまでわからなかった海の動物の行動や，その動物をとりまく環境を明らかにすることができます。

データロガーを取り付けたウミガメ
（佐藤教授のWebサイトより）

東京大学の佐藤克文《さとうかつふみ》教授らの研究グループは，このバイオロギングの方法を用いて，さまざまな海の動物の行動をくわしく研究しています。日本近海に生息するアカウミガメとアオウミガメの行動をバイオロギングの方法で調査し，データロガーに記録された情報を以下の図と表にまとめました。これらの図と表をもとに，各問いに答えなさい。

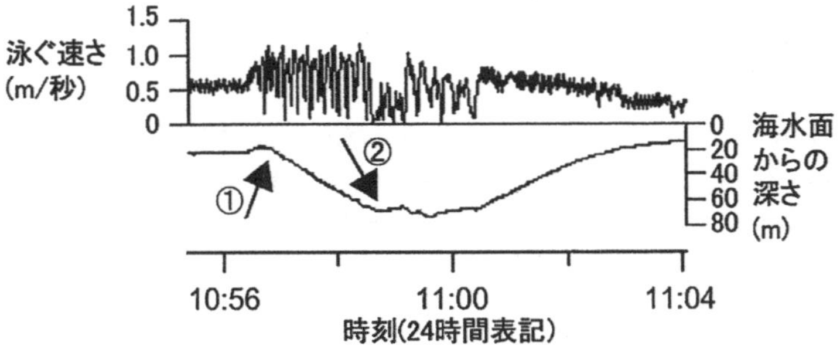

図1　アカウミガメがエサであるアオガニをつかまえた時の行動記録
（矢印①はアカウミガメがアオガニと出会った時刻，矢印②はアカウミガメがアオガニをつかまえた時刻を示している。）

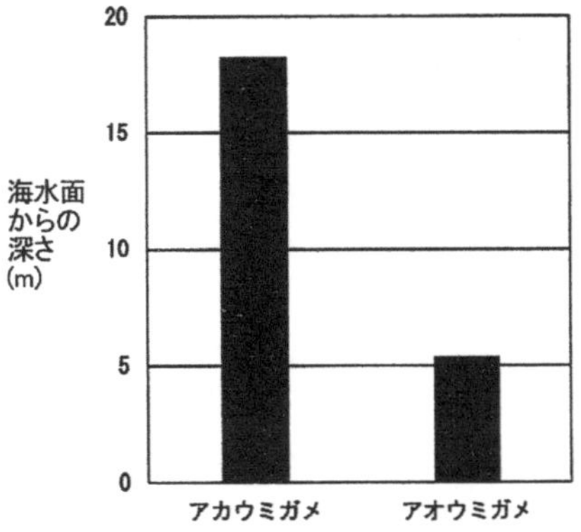

図2　アカウミガメとアオウミガメが，エサや物をつかまえた時の海水面からの平均の深さ

表1　アカウミガメとアオウミガメが，一定期間内につかまえたエサや物の種類と回数

	アカウミガメ	アオウミガメ
クラゲなど	78	6
エビやカニなど	2	0
その他の動物	0	2
海そう類	1	156
鳥の羽	0	4
木材、葉	1	21
プラスチックなどの人工物	2	21

表2　アカウミガメとアオウミガメが，一定期間内に出会ったりつかまえたりしたプラスチックなどの人工物を，種類別，色別，海水にうくかしずむかでそれぞれ分類した表

		アカウミガメ		アオウミガメ	
		出会った回数	つかまえた回数	出会った回数	つかまえた回数
種類	かたいプラスチック	1	0	0	0
	やわらかいプラスチック	8	0	26	17
	発ぽうスチロール	1	1	1	0
	つり糸・ロープ	2	1	5	3
	ゴム	0	0	2	1

		アカウミガメ		アオウミガメ	
		出会った回数	つかまえた回数	出会った回数	つかまえた回数
色	とう明で色がついていない	5	0	23	15
	白色	4	1	4	2
	黒色	1	0	1	1
	それ以外の色	2	1	6	3

		アカウミガメ		アオウミガメ	
		出会った回数	つかまえた回数	出会った回数	つかまえた回数
うくかしずむか	しずむ	2	0	0	0
	うく	10	2	34	21

（1）　図1と図2や表1と表2をつくるために，この調査で使用したデータロガーで必ず記録しなければいけない情報を，次の**ア**～**ケ**から4つ選び，その記号を書きなさい。

ア　海水温　　**イ**　海水面からの深さ　　**ウ**　周囲の明るさ
エ　ウミガメが泳ぐ速さ　　**オ**　ウミガメの前方の映像　　**カ**　周囲の音
キ　ウミガメの体温　　**ク**　現在時刻　　**ケ**　方角

（2）　図1と図2や表1と表2から，アカウミガメとアオウミガメの行動が違うことがわかります。エサをつかまえるために海に深くもぐるという行動をとるのは，アカウミガメとアオウミガメのどちらですか。

（3）　表2からアオウミガメは，どのようなプラスチック製の製品をよく食べていると考えられますか。次の**ア**～**エ**のプラスチック製の製品の中から最も適切なものを1つ選び，その記号を書きなさい。

ア　とう明で色がついていない水そう　　**イ**　とう明で色がついていないレジ袋
ウ　黒色のお弁当の容器　　**エ**　白色のスプーン

（4）　死んで海岸に打ち上げられたウミガメなどを解ぼうした研究から，これまでにアオウミガメの方がアカウミガメよりプラスチックなどの人工物を多く食べていることがわかっていました。この調査でバイオロギングの方法を使うことで，アカウミガメとアオウミガメの海の中での生活の違いがわかりました。図2と表2を関連付けて，なぜアオウミガメの方がアカウミガメより多くのプラスチックなどの人工物を食べているのか，その理由を文章で答えなさい。